アメリカ史のなかのアーミッシュ

成立の起源から「社会的忌避」をめぐる分裂・分立の歴史まで

Mami Hiraike Okawara
大河原眞美

明石書店

はじめに

アメリカに電話や電気を使わず、車の代わりに馬車に乗るアーミッシュと呼ばれる人々がいることは、日本でも知られている。ハイテク産業の先端をいくアメリカにおいて近代文明に背を向けたアーミッシュの姿は特異で、アメリカだけでなく海外からも注目を集めている。本書では、このアーミッシュを歴史的に考察して、アメリカ人とは思えないアーミッシュが実はアメリカに移民したからこそ存続しており、一つのマイノリティーとしてアメリカの多様性を体現していることを、アメリカ史と重ね合わせながら示す。

アーミッシュは、中央ヨーロッパで起きたキリスト教の教派の一つで、再洗礼派に属する。再洗礼派は、自分の意志でキリスト教の教えに従うことを旨としているため、キリスト教社会で一般的に行われている幼児洗礼を認めない。平和主義であるため軍役にも服さない。さらに、世俗社会との「忌避《きひ》」を厳格に実践しているため、再洗礼派以外のキリスト教徒とも宗教的交流を持たず、反国家的な危険思想の宗教集団と見なされ、厳しい迫害の対象となった。

再洗礼派に対する迫害が厳しいなか、やがて再洗礼派を支援する主流教派の者が出てきた。このような支援者の扱いを巡って、あくまでも宗教的交流を拒否して厳格な忌避を貫くことを提唱したヤコブ・アマンによってアーミッシュが誕生した。

アーミッシュの一部は、17世紀以降アメリカに移住した。ヨーロッパに留まったアーミッシュは、宗教的弾圧の中で他の教派に改宗して、20世紀初頭には消滅してしまった。アメリカに渡ったアーミッシュは、当初の東部のペンシルヴァニア州から中西部、西部、そして、カナダやボリビアなどの国外まで広がっている。本書では、このようなアメリカにおけるアーミッシュの隆盛を、信教の自由を求めて新大陸に渡ったアメリカ建国神話のピューリタンに重ね合わせながら、ヨーロッパ人のアメリカ移住の文脈で論じる。

アーミッシュは、外部の者から見ると18世紀の生活様式を堅持している一枚岩の宗教集団のように見える。しかし、アーミッシュは非常に保守的なグループから再洗礼派の主流教派のメノナイトまで広がる一つの連続体である。アーミッシュの中では「忌避」を巡る解釈の論争が常に起き、「忌避」を緩やかに実践するグループが分派し、逆に「忌避」の厳格な実践を訴える者も分派し、現在も分派を繰り返している。緩やかな実践のグループはメノナイトに併合され、厳格なグループが旧派アーミッシュとして残っている。旧派アーミッシュは、世俗社会の近代化の流れと戦いながらヤコブ・アマンの提唱した世俗社会との忌避の実践をしているため、そこにはアーミッシュの本質的な宗教理念の堅持が表れている。

本書では、ヤコブ・アマンの人生をたどり、ヤコブ・アマンのアーミッシュ分立から、アメリカへの移住後のアーミッシュの分派を中心に、ヨーロッパ人の移住の視点から捉えたアーミッシュのアメリカ移住、そして、アーミッシュの隆盛を可能にした要因をアメリカの風土と歴史から描く。

目　次

はじめに　3

第1章　アーミッシュの概要 ―― 15

1 ― アーミッシュの起源　15
(1) スイス・ブレザレン　(2) 忌避　(3) メノナイト

2 ― アーミッシュの成立　19
(1) 社会的忌避を巡る論争　(2) アーミッシュの分立

3 ― アーミッシュの職業　21
(1) 職業観　(2) 農業　(3) 工業

4 ― アーミッシュの言語　25
(1) ペンシルヴァニア・ジャーマン　(2) 小学校の統合化　(3) アーミッシュの3言語社会

5 ― アーミッシュの教会組織　29
(1) アーミッシュの教区　(2) アーミッシュの教会戒律

6―アーミッシュの結束 31
(1) 破門 (2) 転会状
7―むすび 34
Column トラクセルヴァルト城 35

第2章 ヤコブ・アマンの軌跡(1644年?~1730年?)――39

1―ヤコブ・アマンの位置づけ 39
2―ヤコブ・アマンの生年月日と生地 41
(1)「アマン」の綴り (2) アマンの生年月日と生地
3―ヤコブ・アマンの宗教的背景 47
4―エアレンバッハ追放後のヤコブ・アマン 49
(1) ボヴィル説 (2) オーバーホーフェン説 (3) シュテフィスブルグ説
5―アルザスでのヤコブ・アマン 51
(1) セレスタ近辺のヤコブ・アマン (2) マルキルヒのヤコブ・アマン
(3) ヤコブ・アマンの娘の証言
6―1712年以後のヤコブ・アマンの足跡 55
(1) オランダからペンシルヴァニアへ (2) ペンシルヴァニアからノースカロライナへ

(3) 先住民の襲撃
7 ― むすび 57

第3章 アーミッシュの成立（1693年） ―― 61

1 ― アーミッシュ分立の記録 61
2 ― 17世紀後半のスイス・メノナイト 63
3 ― アマン・ライスト論争 66
(1) ハンス・ライスト (2) 洗足式 (3) アマンの巡業 (4) アマンとライストの論争
4 ― アーミッシュの分立 72
5 ― むすび 74

第4章 アメリカに渡ったヨーロッパ人（16世紀から18世紀） ―― 77

1 ― アメリカの植民地 77
(1) 初期の英国人の入植 (2) ピューリタン (3) ウィリアム・ペン
2 ― アーミッシュの第一波アメリカ移住（1727年から1770年まで） ―― 86
(1) メノナイトの移住 (2) アーミッシュの移住 (3) 乗船名簿のアーミッシュ
(4) 第一波アーミッシュの特色

3　むすび　93
Column　アムトラック　94

第5章　アメリカの建国に向けて　99

1　フレンチ・インディアン戦争　99
2　スコットランド系アイルランド人　99
3　先住民の襲撃　101
(1) ホクステトラー一家虐殺事件　(2) マックニット家事件
4　アーミッシュの独立戦争　109
(1) 裏切者の烙印　(2) 改宗者の増加　(3) 反戦の姿勢
5　むすび　111

第6章　アメリカに来たアーミッシュとヨーロッパに残ったアーミッシュ(19世紀)　113

1　19世紀のアーミッシュ　113
2　第二波のアーミッシュのアメリカ移住　114
(1) ヨーロッパの出身地域とアメリカの移住先　(2) 第一波と第二波の互助関係
(3) 移動に移動を重ねて

3　ヨーロッパに残ったアーミッシュ　120
(1) ヨーロッパのアーミッシュ　(2) ルイ14世の追放令　(3) スイス　(4) ドイツ
(5) オランダ　(6) 東欧　(7) 最後のアーミッシュ
4　むすび　126

第7章　フロンティアの西方移動　129

1　フロンティアの移動　129
2　ルイジアナ購入（1803年）　130
3　先住民の土地の争奪　131
(1) アメリカ白人　(2) アーミッシュ
4　アメリカ白人とアーミッシュの交錯　133
(1) アーミッシュ教役者の管理強化　(2) 信仰への立ち返り　(3) 宗教の勧誘
(4) 教会堂　(5) 生活様式　(6) 政治活動　(7) 開拓民としてのアーミッシュ
5　むすび　138

第8章　分　裂　139

1　国家の分裂　139

(1) アメリカ白人の南北戦争　(2) アーミッシュの南北戦争
2―アーミッシュの分裂 141
(1) 分裂　(2) 全教役者会議
3―むすび 151

第9章　さらなる分裂―153
1―エグリ・アーミッシュ 153
2―スタッキー・アーミッシュ 155
3―シュヴァッツェントルバー・アーミッシュ 158
4―新派アーミッシュ 160
5―ビーチー・アーミッシュ 162
6―むすび 165
Column　バンドリング 166

第10章　ビッグヴァリーのアーミッシュ―171
1―ビッグヴァリー 171
2―ビッグヴァリーの再洗礼派の概観 172

3―ビッグヴァリーの12の再洗礼派のグループ 175
(1) ネブラスカ・アーミッシュⅠ (2) ネブラスカ・アーミッシュⅡ
(3) バイラー・アーミッシュ (4) レノ・アーミッシュ
(5) ニュー・アーミッシュ (6) ズーク・アーミッシュ (7) ベセル・メノナイト教会
(8) ホルドマン・メノナイト教会 (9) アレンヴィル・メノナイト教会
(10) ローカスト・グローヴ・メノナイト教会 (11) ブレザレン・イン・クライスト教会
(12) メイプル・グローヴ・メノナイト教会
4―むすび 187

第11章 アーミッシュの社会的制裁

1―社会的忌避の事件 193
2―アンドリュー・ヨーダー事件 194
(1) 事件の概要 (2) 社会的忌避の結末
3―サミュエル・ホクステトラー事件 199
(1) 事件の概要 (2) 社会的忌避の回避
4―むすび 204

第12章　人口増加

1―自然増　*205*
(1) 人口増加　(2) 人口構成
2―転出者　*210*
3―転入者　*212*
4―むすび　*215*

参考文献　*215*

おわりに　*219*

索　引　*227*

第1章　アーミッシュの概要

1　アーミッシュの起源

(1) スイス・ブレザレン

アーミッシュは、その起源を16世紀の宗教改革期の教派、スイス・ブレザレン（Swiss Brethren）から起きたメノナイト（Mennonite）に遡る。宗教改革が進むにつれ、マルティン・ルター（Martin Luther）やウルリッヒ・ツヴィングリ（Ulrich Zwingli）が提唱した本来の「信仰のみ」「聖書のみ」の宗教改革が現実主義的に変遷していくと、ツヴィングリの追従者の中から異を唱える急進派のグループが出てきた。この急進派グループは、スイスのチューリッヒで1525年にツヴィングリ派から分離して新しい信仰のグループを結成したため、スイス・ブレザレンと呼ばれている。スイ

再洗礼派の展開(1525年以降)

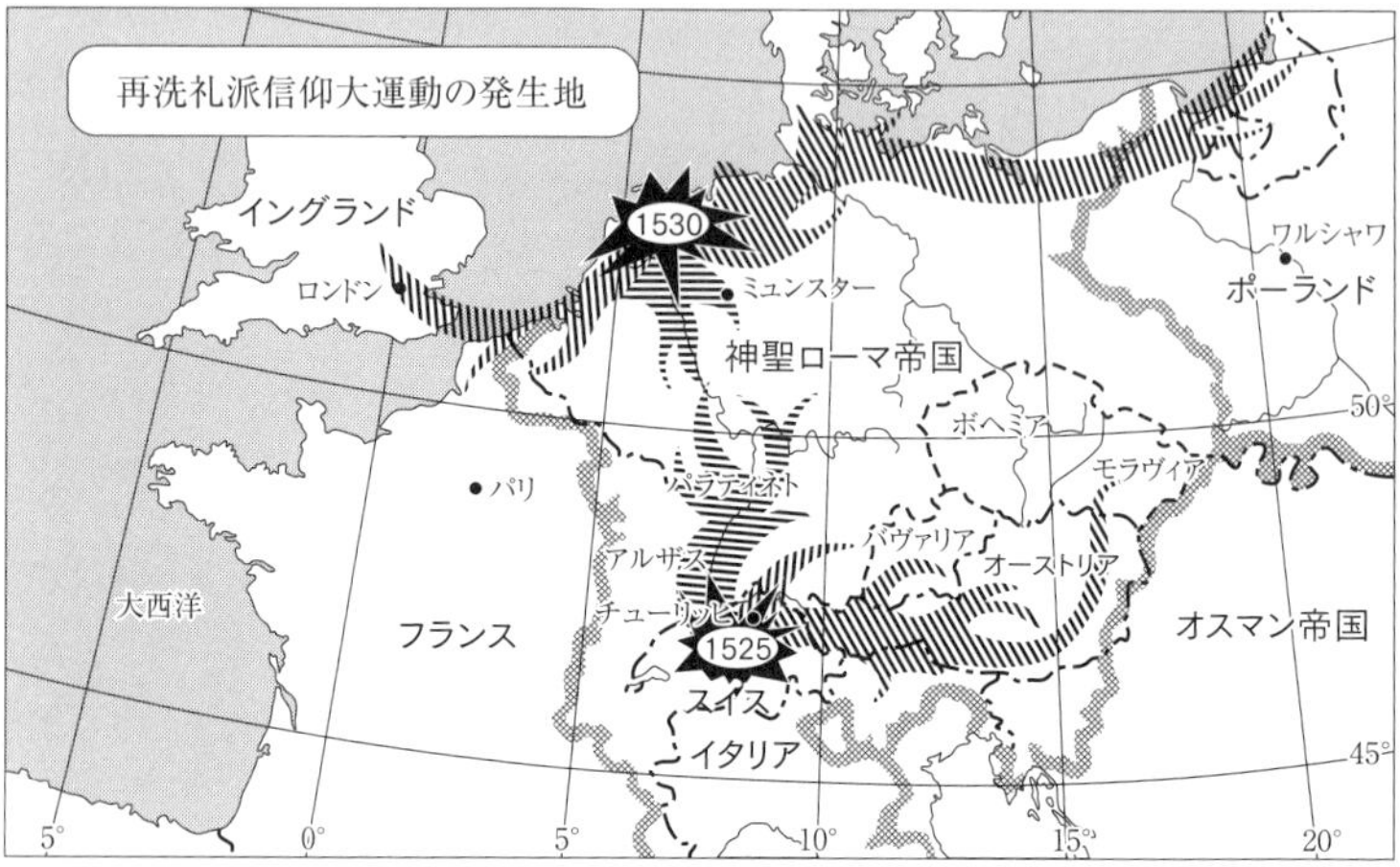

(Redekop(1989:5)の The Origins and Spread of Anabaptists を基に作成)

ス・ブレザレンの信仰運動は近隣諸国へと拡大していったので、スイス人のみに限定されているわけではない。

スイス・ブレザレンの教義では、プロテスタントの教会観が国家権力を認め国家教会の樹立に向かうとして、教会を国家や世俗社会から分離することを提唱し、聖書や教会の伝統に基づいた個人の宗教的体験を重要視した。自分の意志でキリスト教の教えに従うことを旨として、自分たちが受けていた幼児洗礼を無効にして再度洗礼を受け直したため、再洗礼派（Anabaptist）と呼ばれるようになった。

(2) 忌　避

再洗礼派は、カトリックや他のプロテスタントと異なって「忌避《きひ》」を厳格に実践している。「忌避」は、キリスト教の教理の一つであって、再洗

Martyrs Mirror の表紙（左）と火刑のさし絵

礼派独自の教理ではない。しかしながら、再洗礼派の「忌避」の実践は、世俗的なものを避けるのみならず、世俗的になった信者の除名追放をも含む徹底したものであったことに、その特色がある。

再洗礼派は、1527年スイスのシュライトハイム（Schleitheim）に秘かに参集して、『シュライトハイム信仰告白』（Schleitheim Confession of Faith）と言われる7か条からなる信仰告白文を採択した。『シュライトハイム信仰告白』には、宣誓、公職就任、兵役、暴力行使の拒否、成人洗礼の実践、逸脱者の破門と追放という主張があり、世俗社会との忌避を根幹としている。再洗礼派は、世俗社会を忌避するのみならず軍役も拒否するために、反国家的な危険思想の宗教として捉えられていた。17世紀頃の中央ヨーロッパの封建領主は、迫害を恐れて潜伏している再洗礼派を見つけると水責めの刑や火刑に処して弾圧を加えた。*Martyrs Mirror*（殉教者の鏡）という1660年にオランダで発刊された宗教迫害についての本には、再洗礼派が主流教派から受けた迫害についてのさし絵が多数掲載されている。なお、*Martyrs Mirror*は、現在でも再洗礼派の家庭にあり、特にほとんどのアーミッシュの家庭には聖書と一緒に置かれている。

(3) メノナイト

1535年にドイツのミュンスターで起きた再洗礼派運動の失敗により、北ドイツからオランダにかけて再洗礼派は壊滅状態になった。カトリックの司祭のメノー・シモンズ（Menno Simons）は、ミュンスター事件で官憲に追われていた再洗礼派を援助しているうちに、再洗礼派の教義に共鳴するようになった。そしてカトリックの司祭をやめて再洗礼派運動の指導者になり、1536年にオランダ系再洗礼派を再組織した。メノーに従った再洗礼派は、メノーの名前に因んでメノナイトと呼ばれるようになった。メノーも、「忌避」の徹底した実践を提唱していた。

メノー・シモンズ

再洗礼派への弾圧が強まるなか、メノナイトの間で厳格な「忌避」の実践について混乱が見られるようになった。統一を図るために、1632年にオランダのドルトレヒト（Dordrecht）にオランダ系のメノナイトが参集して、『ドルトレヒト信仰告白』（Dordrecht Confession of Faith）を採択した。『ドルトレヒト信仰告白』の第16条には教会からの追放除名、第17条には追放に処せられた者の社会的忌避が明確に規定されている。教会から破門された者に対しては、教会員は、教会の聖餐《せいさん》の交わりだけでなく、日常生活の飲食やそれに類することをはじめ、あらゆる関係を持ってはならないとなっている。『ドルトレヒト信仰告白』は、オランダ系メノナイトだけでなく1660年にフランスのアルザス（Alsace）地方の再洗礼派（メノナイト）も採択している。

2　アーミッシュの成立

(1) 社会的忌避を巡る論争

アルザスやスイスでは、スイス系再洗礼派（メノナイト）に対する迫害は続いていた。そのようななか、ルター派やカルヴァン派などの主流教派の信者の中にメノナイトを密かに援助する者も出てきた。その中には、メノナイトからルター派などに改宗した元メノナイトの親族もいた。再洗礼派を支援する者は、「中途再洗礼派」（独 Halbtaufer、英 Half-Anabaptist）と呼ばれた。忌避の対象である中途再洗礼派に信頼を寄せるメノナイトも出てきたが、中途再洗礼派と交流を持つことは、飲食も含む一切の社会的忌避を明記している『ドルトレヒト信仰告白』に違反する行為であった。しかし、スイス系メノナイトは、中途再洗礼派に対する社会的忌避を緩和して、聖餐礼拝の交流のみ禁止し、その他の日常の交流は認めるようにした。

ヤコブ・アマン（Jacob Ammann）は、スイスからアルザス地方に移住して再洗礼派の教役者《きょうえきしゃ》を務めていた。アマンは、『ドルトレヒト信仰告白』の厳格な適用を求め、聖餐礼拝を従来の1回から2回に増やすことを提唱した。ヤコブ・アマンは、社会的忌避の解釈を巡って、拡大解釈を実践していた長老のハンス・ライスト（Hans Reist）との間で激しい論争を展開することになった。

社会的忌避は、初期の「アナバプティストの信仰告白」から発している。しかし、アマンが台頭していた頃のスイスの再洗礼派ではもう社会的忌避は行われていなかった。そこでアマンは、これに異を唱えて、聖書の教えに従って破門された教会員は、社会的に忌避されるべきだと主張し、拡大解釈する再洗礼派の教役者を次々と追放に処した。

(2) アーミッシュの分立

アルザス地方の再洗礼派はアマン側とライスト側に二分された。１６９３年にアマンは、厳格解釈に賛同する教会員を連れて分立した。アマンに従った信者は、アマン（Ammann）の名前に因んでアーミッシュ（Amish）と呼ばれるようになった。従って、アーミッシュは、社会的忌避の厳格適用から生まれた教派である。

１７３０年頃になると、アーミッシュの中には信教の自由を求めてアメリカのペンシルヴァニアに移住する者が現れた。現在では、ペンシルヴァニア州からオハイオ州、インディアナ州、ウィスコンシン州、アイオワ州などアメリカの31州、カナダのオンタリオ州など3州、中南米のアルゼンチン、ボリビアと、かなり多くの地域に広がって居住区を形成している。一方、ヨーロッパに残ったアーミッシュは、メノナイトやルター派やジャン・カルヴァン（Jean Calvin）の改革派などに改宗して20世紀初めに消滅している。

3　アーミッシュの職業

(1)　職業観

アーミッシュは自分たちをプロテスタントとして見做していないが、アーミッシュの職業観は禁欲的プロテスタンティズムの枠組みの中にある。禁欲的プロテスタンティズムに関して、マックス・ウェーバー（Max Weber）は、宗教改革の影響という観点から宗教的献身と経済活動の関連性について論じている。ジャン・カルヴァンは、教役者が富を所有することそのものは、教役者の地位を向上させると考え、仕事の妨げとならない限り、財産を投資して利益をあげることも容認していたと考察している。倫理的に否定されるのは、富の蓄積により怠惰になることであって、富の蓄財は問題視されていなかったのである。[1] プロテスタンティズムの禁欲の精神は、労働者には勤勉な労働を奨励し、実業家の営利活動を容認した。労働者は労働を「天から与えられた職業」と考え、自分が救われていることを確信するための最善の手段である労働に意欲的に励んだ。また、実業家の労働者の搾取を伴う営利活動も「天から与えられた職業」であり、認められたものであった。

アーミッシュの農業活動も、ウェーバーの経済活動における禁欲的プロテスタンティズムの倫理のフレームワークにあてはまる。[2] アーミッシュにとって、禁欲的な精神で励む労働の成果は富であり、富は神の祝福を示す証明である。得られた富の多さは勤勉と労働の神の祝福を示す証であるため、富の多さは恥ずべきことではなく、神の祝福の多さと解される。ただ、神の祝福の賜物である富を快楽のために浪費するならば、それは神に背く悪しき行いになる。アーミッシュは、余剰の富を蓄財し、コミュニティの生活困窮者を支援して富の分配を図り、また、農場購入にあて、さらに勤勉と労働に励んで富をふくらませる。富の分配と蓄財のための投資は、アーミッシュにとってキリスト教的管財の責務とみなされる。

(2) 農　業

アーミッシュは、成立の当初から農業を選択して農村社会を形成したわけではない。再洗礼派に対する迫害を避けるために、都市から農村に移住せざるをえなかった。農村では、地主ではなく小作人として農業に従事していた。中央ヨーロッパからアメリカに移住するようになると、新大陸ではアーミッシュは農地を所有することができるようになった。この世は神が創ったと信じているアーミッシュにとって、この世を「耕す」ことは神の僕《しもべ》として神の御心にかなう行為である。農業は、アメリカ移住後のアーミッシュにとって宗教的意義のある職業になっている。

アーミッシュ社会は、家族を単位として構成されている。教育も、読み書き計算で十分とみなし、幾多の訴訟を経て、１９７２年の連邦最高裁のヨーダー裁判で、アーミッシュの教育年数は信教の自由により当該州の義務教育の年数にかかわらず中学2年までで可という判決が下されている。このため、アーミッシュの子どもたちは、15歳以降は通学せずに農作業の手伝いを家族のもとでする。アーミッシュの親にとって、教育費の負担がなく、農業従事ということで失業の心配もない。篤い信仰心も加わり、犯罪も極めて少ない。延命治療や高度な治療をしないため医療費の負担も少ない。高齢者人口が少なく、多くの子どもがその少ない高齢者を施設ではなく家族で看ている。現代社会の抱える多くの問題が解消されたかのような社会を、アーミッシュは農村で構築している。

一方、オハイオ州やペンシルヴァニア州やインディアナ州のアーミッシュの伝統的な居住地の近くが、工業化により土地が高騰するようになってきた。安い土地を求めて、ウィスコンシン州やミネソタ州などのような中西側の州に移住するアーミッシュが増えている。

(3) 工　業

工場労働に関わるアーミッシュもいる。インディアナ州の北部のネパニー（Neppanee）市、エルクハート（Elkhart）郡、ラグランジ（LaGrange）郡では、アーミッシュの男性労働人口の60％が工場に勤務している。経営者がアーミッシュ以外の者、労働者もアーミッシュ以外の者、タイムカードでの勤怠管理、月曜から金曜までの勤務体制、社会保障制度の給付金などが、工場労働のアーミッシュの世俗化を推し進めている。工場労働により、夫が給与所得者となり妻が専業主婦になると妻の経済的貢献度が低くなり、男女間の地位にも変化が見られる。また、急な葬儀の場合に工場から休暇が取れず葬儀の手伝いができなくなり、コミュニティの結束にも影響が出ている。

ただ、すべてのアーミッシュが農業から工業に転換しているわけではない。アーミッシュの人口の増加には目覚ましいものがあり、アーミッシュ以外の者との接触が求められる工場業務に従事するアーミッシュが増加しても、アーミッシュ社会は、農業に従事する保守的なアーミッシュの数を確保している。

アーミッシュは一枚岩の宗教集団ではない。成立時の18世紀頃の生活様式を堅持している旧派アーミッシュと呼ばれるグループから、電話の設置（主として屋外）を認める新派アーミッシュ、電気や車（黒色に限る）の使用を認めるビーチー・アーミッシュなどまで保守度の濃淡が変わる連続体である。コミュニティの純粋性を保持するために、後述する社会的忌避を行使して逸脱者を排除している。逸脱の原因が倫理面ではなく信仰生活の保守度の実践に関わる場合、逸脱したアーミッシュが自分たちが主張する保守度を基にした新しいコミュニティをつくる。18世紀の生活から変化していないように見えるアーミッシュであるが、アーミッシュは「絶え間なく動いている教派」である。

4　アーミッシュの言語

(1) ペンシルヴァニア・ジャーマン

アーミッシュの母語はドイツ語である。英語はアーミッシュ以外の者との会話に必要な言語にしかすぎない。アーミッシュのドイツ語は2種類あり、標準ドイツ語とペンシルヴァニア・ジャーマン（Pennsylvania Germans）と呼ばれるドイツ語の方言である。

ペンシルヴァニア・ジャーマンには、ペンシルヴァニア・ダッチという呼称もある。ダッチ（Dutch）はオランダ、バヴァリア、チロル、プロシアなどの中央ヨーロッパ出身者を一纏《まと》めにダッチマン（Dutchman）と呼んだことに由来する。オランダ人を指しているわけではない。

ペンシルヴァニア・ジャーマンは18世紀頃のドイツのパラティネト（Palatinate）地方（現在のラインランド・プファルツ（Rhineland-Pfalz））の方言が母体になってアメリカで生まれたドイツ語の方

言である。ペンシルヴァニア州には、中央ヨーロッパから多くのドイツ系の者が移住してきた。これらのドイツ系移民は、当初は自分の出身地域のドイツ語の方言を話していた。しかし、2、3世代と経るうちにドイツ系移民の数が最も多かったパラティネト地方の方言を基に他の種々の方言が混合したペンシルヴァニア・ジャーマンと呼ばれる新しいドイツ語方言を話すようになった。

このペンシルヴァニア・ジャーマンは一つの固定した方言ではなく、語彙や発音や綴りの面で地域により違いがあった。綴り体系が確定されていないため、書きことばとして用いるには不向きで、地域の日常生活の話しことばとして使用していた。新聞や公文書のような書きことばや教会や学校や政治の集会などの公の話しことばには標準ドイツ語が使用され、標準ドイツ語は、ドイツ系アメリカ人の公用語の役割を担っていた。英語は、ドイツ系アメリカ人がドイツ系アメリカ人以外の者と交流する時に使用する言語で、標準ドイツ語と同様に学校で習得する正式の言語（high variety）であった。

アーミッシュの話すペンシルヴァニア・ジャーマンとアーミッシュ以外のドイツ系の者の話すペンシルヴァニア・ジャーマンには大きな違いがある。アーミッシュのペンシルヴァニア・ジャーマンは、アーミッシュが簡素な（plain）生活をしているため〝簡素なペンシルヴァニア・ダッチ〟（Plain Pennsylvania Dutch）と呼ばれ、アーミッシュ以外の者のペンシルヴァニア・ジャーマンは簡素でないから単純に派手とされ〝派手なペンシルヴァニア・ダッチ〟（Gay Pennsylvania Dutch）と呼ばれている。さらに、アーミッシュのペンシルヴァニア・ジャーマンも地域によって語彙、発音において若干の違いが見られる。

各々のペンシルヴァニア・ジャーマンは、それを話すドイツ系アメリカ人の母語として、自然に習得されることば（variety）であった。標準化していないため、公の書きことばとして用いるには不向きで、居住地域の日常生活の話しことばとして使用していた。

(2) 小学校の統合化

１９５０年代から小規模学区制による公立単級小学校を整理統合して、中規模学区制による小学校設立の動きが出てきた。この中規模学区制小学校教育は、これを拒否したアーミッシュと受け入れたアーミッシュ以外のドイツ系アメリカ人との間で、ペンシルヴァニア・ジャーマンの保持において決定的な違いをもたらすことになった。

中規模学区制小学校教育は、農村のドイツ系アメリカ人にとって、それまでペンシルヴァニア・ジャーマン母語話者主流の村の単級小学校から、英語母語話者との混合の英語話者主導の中規模小学校への移行であった。混合教育の結果、英語母語話者との結婚が増加し、さらに都市化も進み、ドイツ系移民にとって英語が就職、昇進で有利な言語になってきた。その結果、ペンシルヴァニア・ジャーマンから英語への言語の入れ替わり（language shift）が進んだ。現在では、アーミッシュ以外のドイツ系アメリカ人でペンシルヴァニア・ジャーマン母語話者は最年少で80歳くらい（最後の小規模学区制単級小学校の世代）で、しかもペンシルヴァニア州バークス（Berks）郡やミフリン（Mifflin）郡の山奥にしかいない。

１８６４年に*Der Herold de Wahrheit*というメノナイトを対象としたドイツ語の月刊誌が発行され、その英語版の*The Herald of Truth*も発行された。ドイツ語版の購読者が減少したため*Der Herold de Wahrheit*は１９０１年に廃刊となった。英語版の*The Herald of Truth*は、１９０８年に*Gospel Witness*と統合して*Gospel Herald*となって１９９８年まで発行されていた。メノナイトも20世紀になるとドイツ語離れが進み、現在もペンシルヴァニア・ジャーマンを話すメノナイトは、旧派メノナイト（Old Order Mennonite）と呼ばれる保守的なグループを除くといない。

アーミッシュ以外のペンシルヴァニア・ジャーマン母語話者はもうほとんど存在しない。ドイツ系アメリカ人が居住していた地域で母語として使用されていたペンシルヴァニア・ジャーマンは、アーミッシュ以外のドイツ系から20世紀前半までに加速度的に失われ、現在では言語消失（language loss）となっている。

(3) アーミッシュの3言語社会

ドイツ語保持はアーミッシュの宗教理念ではない。従って、アーミッシュは、意図的にドイツ語の保持に努めたわけではなかった。ただ、宗教理念に基づいた「忌避」の生活に固執しているうちに、アーミッシュのみがドイツ語保持という結果になったのである。アメリカの主流社会とアーミッシュの伝統的社会の間の隔たりが大きくなるにつれて、アーミッシュは逆にドイツ語の使用を世俗社会との「忌避」のシンボリックな表出手段として利用している。

5　アーミッシュの教会組織

(1) アーミッシュの教区

アーミッシュの教区は、30程度の世帯からなる生活共同体である。各教区の教役者は、「監督」(独 Voelliger-Diener、英 minister with full powers, bishop) が1名、「説教者」(独 Diener zum Buch、英 minister of the book, preacher) が2名、「執事」(独 Armen-Diener、英 minister to the poor, deacon) が1名である。

「監督」は、聖餐式、結婚式、葬式、逸脱者への社会的制裁、社会的政策を受けた者の復権などを司る教区の最高責任者である。「説教者」は、礼拝で説教し監督を補佐する役職である。「監督」や「説教者」が、自分の教区で礼拝がない週に、教会戒律が同じで交流のある教区(姉妹教区)で礼拝がある時に、ゲストとして説教をすることも珍しくない。「執事」は、礼拝では聖書を読み、洗礼式で監督が聖水を注ぐのを補佐するなど教会儀式の補助の役割に加えて、教区の者が教会戒律を遵守しているか見守る役割もある。生活困窮者や洗礼志願者の世話などをするコミュニティの生活管理の業務もある。

アーミッシュの教役者というポストは、教区の既婚男性から選ばれ、特別の資格や教育を要せず、無報酬で終身務める役職である。教役者の選出は、教役者が死亡などで欠員が生じた時、教区の絆が強くなり団結が実感できる聖餐式の後に行う。その際、姉妹教区の監督も加わって、教役者選出を支援する。「監督」は「説教者」から互選で決めるが、「説教者」と「執事」については、教区の既婚男性から選ばれる。選ばれるのは既婚男性であるが、選出過程には、女性も含む教会員が関わる。選出方法は、①各教会員の推薦により候補者を絞り込む、②絞り込まれた候補者からくじで選ぶ、③選ばれた教会員を「監督」が任命する　という3段階の手続きを踏まえて行う。

アーミッシュの教役者は、真摯な信仰心を持ち、教区の中で大きな農場を所有し、あるいはアーミッシュ家具などを作って職業的に成功を収め、アーミッシュの間でも尊敬を集めている家系から選出されている。そのため、同じ家系から継続的に選出されている。アーミッシュの「監督」には、日本でいう庄屋のような権限があり、教区は「監督」の方針で進んでいく。「監督」の方針に納得できなければ、その教区を去らなければならない。

(2) アーミッシュの教会戒律

アーミッシュの教区は、宗教上の教会区だけではなく生活共同体としての単位も兼ね備えている。旧派アーミッシュには、旧派アーミッシュ全体で共有されている忌避や無抵抗や除名についての大まかな教会戒律（Ordnung）がある。これとは別に、各教区が取り決めた服装などの規程の細かな教会戒律がある。各教区の教会戒律は、その教区の教会員が遵守しなければならず、それを破ればその教区から放逐（社会的忌避）される。ほぼ同一の教会戒律を共有している教区は姉妹教区と呼ばれる。アーミッシュの礼拝は隔週で行われるため、自分の教区で礼拝がない週は、その週に礼拝がある姉妹教区を訪問して礼拝に参加して交流を深めている。教会戒律は、教区の教会員のみが共有し、伝統的には口頭で伝授される。最近では、文書化することもあるが、教区の教会員以外には原則非公開である。戒律から些細なことでも外れると逸脱したとして社会的忌避の対象になる。また、戒律の些細な改変を求めて教区から分派するアーミッシュもいる。

6　アーミッシュの結束

(1) 破　門

アーミッシュは、戦争に加担しない良心的兵役拒否者として知られ、柔和な人と考えられている。アーミッシュの社会では、謙虚さ、慈善、温順、忍耐が美徳とされている。しかしながら、その一方で、アーミッシュの教会戒律に従って行動できない仲間については、破門（独Bann、英excommunication）し、村八分のような社会的忌避（独Meidung、英shunning）を実践して、教会戒律を守れない者を徹底的に排除する。アーミッシュの社会において、Meidungというドイツ語は、

Miteという短縮語で使用されている。

アーミッシュに限らず、キリスト教の多くの教派では、異端的信仰を持つ信者に対して教会内における宗教的権利を剥奪する破門を行う。しかし、アーミッシュの場合には、破門されると社会的忌避が加わる。この社会的忌避によって、アーミッシュの社会での生活が実質的に不可能となる。徹底した社会的忌避の実践は、アーミッシュ特有のものである。そもそもヤコブ・アマンが社会的忌避の厳格な実践を訴えたことによってアーミッシュが誕生したのである。

アーミッシュは、自分の意志で洗礼を受けるという成人洗礼を重視する。アーミッシュの若者は、10代後半から20代前半に洗礼を受けてアーミッシュの教会の信者になるかどうかを決める。洗礼を受ければ、その後の生涯のすべてにわたって、教会の定めに従うことになる。よって、洗礼を受ける時、キリスト信仰の告白をし、教会の戒律に従うことに同意するのである。

アーミッシュは受洗後に教会の戒律を破れば、「執事」から注意を受ける。そこで反省して掟を守るようにすればそれで終わる。しかし、戒律を守らなければ、「監督」の注意をまた受ける。何度か注意されて教会の戒律を守ることができなくても、罪を告白し、悔い改めると許される。しかし、それを拒否すれば、破門され、社会的忌避という制裁を受けることになる。

例えば、自動車を購入して、そのことを反省した上でみんなの前で罪の告白をすれば許される。しかし罪の告白をせずにいれば、破門され、そして社会的制裁を受ける。時間が経ってからでも、みんなの前で罪を告白し悔い改めれば、再び仲間に入れてもらえる。

アーミッシュの若者が、アーミッシュの教会で洗礼を受けずに、メノナイトなどの他の教派に入っても、社会的制裁の対象にならない。しかし、アーミッシュの教会で洗礼を受けた者が、メノナイトに改宗すれば、社会的制裁の対象となる。アーミッシュの若者がメノナイトになっても、社会的制裁を受けていなければ、家に戻っても家族との交流ができる。しかし、アーミッシュとしての神との誓いである洗礼を受けて、それを破ってからメノナイトに改宗すると、社会的制裁により家に戻ることはもうできない。仮に、見つからずに家に戻ったとしても、穢れているとみなされるので家族と同じテーブルで食事をすることはできない。家族が同じテーブルで食事をすると、今度はその家族が教区において社会的忌避を受けることになる。

(2) 転会状

アーミッシュが破門されないで村を出る場合、教区から転会状（letter of withdrawal）がもらえる。アーミッシュの村を去っても、キリスト教の何らかの教派を信仰することになるので、次の教会の所属の便宜を図るためのものである。

転会状というのは、住民票の転出証明書のようなものである。転居する時にこれまで住んでいた所の役所から転出証明書をもらって、転出先の役所にこの転出証明書を添えて転入届を出すように、所属を希望する教会に転会状を出して入会を認めてもらう。宗教の場合、転会状がなくてもその教派に対する本人の信仰が真摯であることが確認されれば入会が認められることは多い。それでも、転会状は、以前の教会と円満に別れたという証で、入会作業が速やかに円満に進む。洗礼前のアーミッシュは正式の教会員ではないので、転会状が出ることは奇妙といえば奇妙である。当然のことながら、Miteと呼ばれる社会的制裁の場合は、転会状は出してもらえない。

7 むすび

アーミッシュは、キリスト教の（広義の）プロテスタントの再洗礼派に属する教派である。再洗礼派の本来の教義を厳格に実践して忌避を貫いているため、生活様式は18世紀のままである。現代文明の先端をいくアメリカにおいて、馬車に乗り、電気や電話や水道を利用せず、テレビ、インターネット、楽器がない、３００年前の農家の服装をしているアーミッシュの生活様式は、はるか過去から舞い戻ってきたように映り、異彩を放っている。

一見特異に見えるアーミッシュであるが、その歴史を見ると、それはアメリカに渡った17世紀、18世紀のヨーロッパの白人の歴史の一端を担っていることがわかる。ヨーロッパからのさまざまな移民のグループの一つにすぎなかったアーミッシュが、他に類を見ない宗教的なグループとして存続しているのは、社会的忌避の実践によりアーミッシュの戒律から逸脱したとする者を排除してアーミッシュ社会を浄化し続けていることによる。次章では、創始者ヤコブ・アマンの一生からアーミッシュの成立について解説する。

Column　トラクセルヴァルト城

再洗礼派の牢獄として使用されていたことのある城の一つに、スイスのエメンタール(Emmenthal) 地方のトラクセルヴァルト (Trachselwald) 城がある。ベルンからの電車をトゥーン (Thun) で乗り換えてサミスヴァルド・グルーネン (Suiswald-Grunen) 駅で降りて、30分ほど歩いた丘の上にある。

城は11世紀頃にトラクセルヴァルト男爵が建て、後にサミスヴァルド男爵の所有になった。１４０７年にサミスヴァルド男爵は城と周辺の土地をベルン州に売却した。ベルン州は、城を牢獄として使用していた。16世紀から18世紀の再洗礼派に対する迫害が厳しいなか、城の塔の部分に再洗礼派を投獄し、拷問にかけ処刑した。

城は、２００万スイスフラン（約2億3千万円）の価値があるとされるが、１スイスフラン（約１２０円）というただ同然の価格で売りに出されている。購入者は城の維持管理の義務があり、修復だけでも３３５万スイス

トラクセルヴァルト城

フラン（約3億9千万円）かかり、高額の出費となる。ベルン州はメノナイトの団体が文化遺産として購入し、管理するのを期待しているようである。城の城館部分は、結婚式などのイベントで利用可となっているが、通常は閉まっていて公開されていない。

城の塔の部分は、無料で公開されている。入場券を売る人もいない。塔の中は、急勾配の階段で3階まで登れる。階段と言っても大きな石を重ねた程度のもので足元に注意しなければならない。塔の内部見学は、ほかに見学者がいなくて自分一人となると、拷問にかけられた再洗礼派の苦痛のうめき声が聞こえてくるようで不気味である。

トラクセルヴァルト城の塔の内部。
（上）囚人を壁から鎖でくくりつけた台座
（下）下に降りる石段と塞ぐと床になる扉

注

(1)　ウェーバー（2010：395-396）.

(2)　坂井（1977：406-414）.

第2章　ヤコブ・アマンの軌跡（1644年?～1730年?）

1　ヤコブ・アマンの位置づけ

宗派の創始者は、その偉業が称えられるのが一般的である。しかしながら、現代アメリカで18世紀の生活様式を堅持し人口の増加も目覚ましく隆盛を誇っているアーミッシュの場合、その創始者のヤコブ・アマン（Jacob Ammann）については、アーミッシュの間で崇められることもなく、強い関心も持たれていない。

アーミッシュは、ヤコブ・アマンの提唱により1693年に再洗礼派のメノナイトから分立した宗派である。再洗礼派は、世俗的なものの「忌避」を強く主張し、自分の意志でキリストの教えに従うことを旨として幼児洗礼を拒否し、再洗礼派以外の者との宗教的交流を穢れるとして禁止していたため、異端の宗教とされていた。再洗礼派に対する厳しい迫害のなか、救いの手を差し伸べる再洗礼派以外の者に対して、聖餐式の参加を認めるなど、信者として扱う動きがメノナイトに出てきた。ヤコブ・アマンは、これに異を唱えてアーミッシュを分立し、アーミッシュという名称もアマンの名前に由来している。

アーミッシュの分立にあたって、ヤコブ・アマンは、スイス・メノナイトの教役者のハンス・ライスト（Hans Reist）と「忌避」の解釈を巡り、激しい論争を繰り広げている。そして、アメリカに渡ったアーミッシュも、「忌避」の解釈を巡って、旧派アーミッシュ（Old Order Amish）、新派アーミッシュ（New Order Amish）、ビーチー・アーミッシュ（Beachy Amish）と分派を繰り返している。

ヤコブ・アマンの生涯についての研究は、マックグラス（William R. McGrath）の *The Mystery of Jacob Amman*（McGrath, 1989）がある。マックグラスは、ヤコブ・アマンの生地とされるスイスのジメンタール地方、後に再洗礼派の活動をしたスイスのエメンタール地方、フランスのアルザス地方で古文書からの調査を行い、さらに、ヤコブ・アマンはアメリカで没したという自身の仮説に基づいてノースカロライナ州にも行って調査をしている。しかしながら、アーミッシュ関連の主要な研究文献である *The Mennonite Encyclopedia*（1990）、*Amish Society*（Hostetler, 1993）、*A History of the Amish*（Nolt, 2015）、*The Amish*（Kraybill, 2013）などには、マックグラスのヨーロッパでの調査研究の引用はない。ヨーロッパでのヤコブ・アマンの生涯について、マックグラスの調査結果と同様の内容が簡潔に言及されているにすぎない。マックグラスの仮説の域を超えないアメリカ移住についてはまったく触れられていない。

本章では、ヤコブ・アマンの生涯について、マックグラス研究を中心にまとめて、ヤコブ・アマンの軌跡として紹介する。また、マックグラス研究の資料入手の経緯について紹介して、後の研究で確認ができるように整理する。

2　ヤコブ・アマンの生年月日と生地

ヤコブ・アマンがいつどこで生まれ、いつどこで死んだかについては正式の記録が残っていない。アメリカに渡ったアーミッシュは人口も増加し隆盛を誇っているのに、当のアーミッシュはヤコブ・アマン個人に関心がないのである。その理由として考えられるのは、後述するように、ヤコブ・アマンは生まれながらの再洗礼派ではなく改革派（Reformed Church）からの改宗者であったこと、１６９３年にアーミッシュを創設したが１７１２年以降はその消息が不明であること、また、アマンの姓名を持つ者がアーミッシュの中にほとんどいないことなどである。

(1)「アマン」の綴り

「アマン」という苗字は、スイスによく見られる苗字である。一般的にはAmmannと綴られる。スイス連邦大統領のヨハン・シュナイダー＝アマンもJohann Niklaus Schneider-Ammannという綴りで、ベルン州出身である。「アマン」は、特にベルン州に多い苗字である。

一方、アーミッシュに多い苗字は、ヨーダー（Yoder）、ミラー（Miller）、ホステトラー（Hostetler）などであるが、Ammannはない。この理由として、Ammannを名乗る人々は再洗礼派でなく改革派で、ヤコブ・アマンは改革派から改宗して再洗礼派になったため（Hostetler, 1993：44）、再洗礼派にアマンの苗字がないのだ。ヤコブ・アマンの親族がアマンに共鳴してアーミッシュになっていれば、アマンという苗字は増えていたと思われる。実際は、アマンの方針で再洗礼派であった娘もアマンの死後に改革派に改宗していることから、ヤコブ・アマンの教えに従った親族が少なかったため、アマンという苗字がアーミッシュにほとんど存在していない。

ヤコブ・アマンのアマンの綴りは、Hostetler（1993）、Roth（2002）では、Ammannである。McGrath（1989）では、Ammanが使われている。後述するが、ヤコブ・アマンの生地とされるスイスのベルン州のエアレンバッハ（Erlenbach）の教会の公文書では、Ammanという綴りで書かれているが、ヤコブ・アマンの弟とされるウルリッヒ・アマン（Ulrich Ammann）[1]は、一貫してAmmannの綴りを用いている（Gratz, 1951：139）。公文書の綴りは実際に当人が使用していた綴りを書き取るわけでなく、行政が正当だと判断した綴りが用いられることが多かった。本論では公文書の綴りではなく、ウルリッヒ・アマンが使っていたAmmannを使用する。

ヤコブ・アマン本人はどういう綴りを使っていたかを見ると、一貫性のない綴りを使っていたようである。当時の一般人は自分の名前を書くことができなかったので綴りが変わることは珍しいことではない。ヤコブ・アマンの場合、１７０１年の文書には「i.Amme」、１７０３年のには「Jacob Amen」、１７０８年のには「Jacob ami」、１７０９年のには「iA」となっている（Hostetler, 1993：45-46）。当時のドイツ文化圏では「.i」と「.j」の区別がなかったことを考慮しても、ヤコブ・アマン本人が使っていた正式の綴りはないということである。

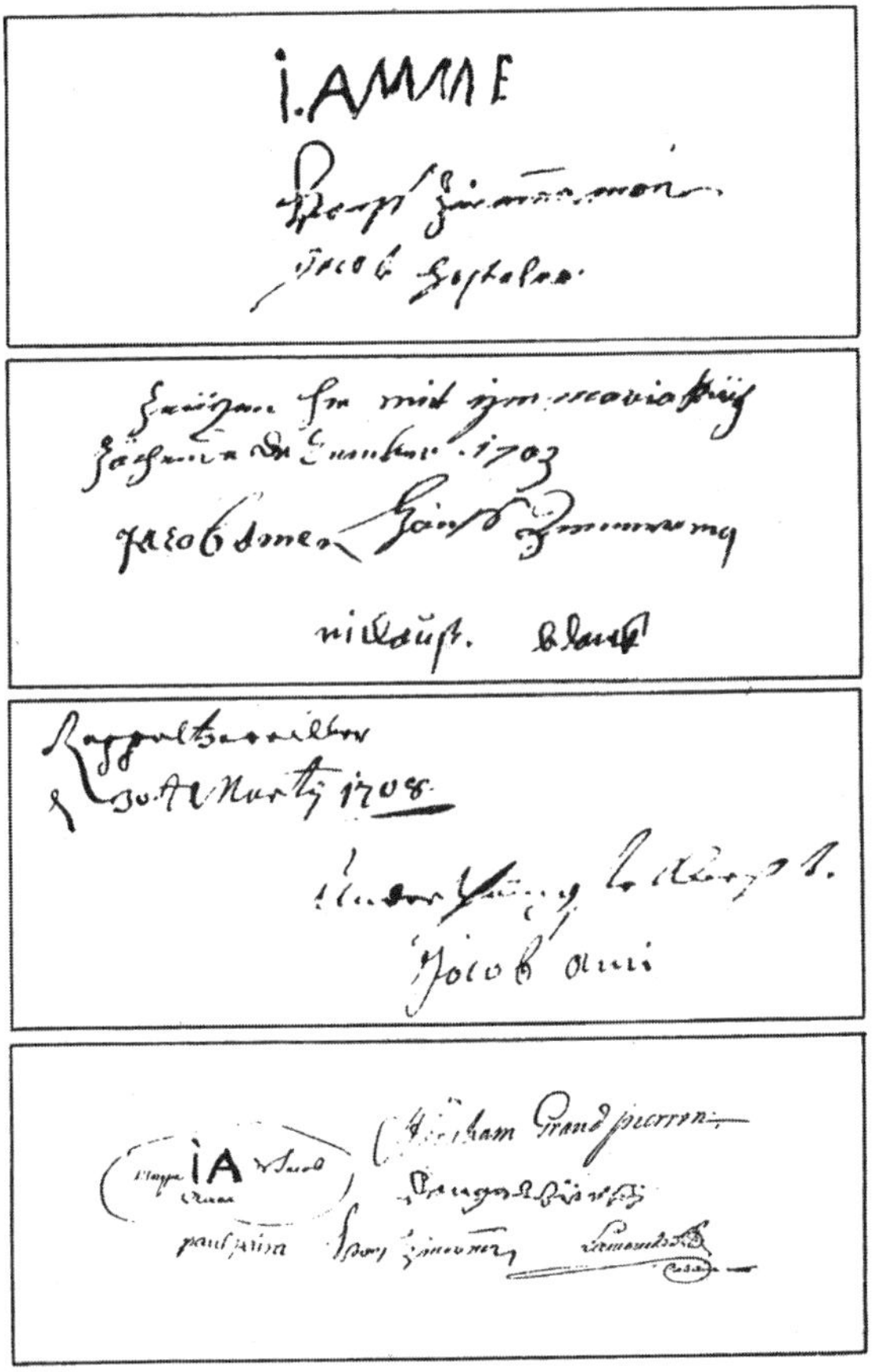

ヤコブ・アマンのアルザス時代の署名
出典：Hostetler (1993:46) の Signatures of Jacob Ammann of Alsace

(2) アマンの生年月日と生地

ヤコブ・アマンの生年については1644年生まれが通説である。ただ、1656年生まれの可能性もある。

① 1644年生まれのヤコブ・アマン

マックグラスは、アマンの生年月日について、エアレンバッハ村の古文書館でヤコブ・アマンの名前を2つ見つけている。一人は1615年生まれで、もう一人は1644年生まれである。1615年生まれの場合、アーミッシュの分立の1693年時に78歳、1644年生まれの場合は49歳となる。アーミッシュ分立にあたって、アマンがスイス再洗礼派のハンス・ライストと激しい議論の応酬をしていることを考えると、1644年生まれの若い方のヤコブ・アマンがアーミッシュを起こしたヤコブ・アマンと考えてよいとしている。

ベルン州古文書館の1730年の文書にヤコブ・アマンという人物について記載があった (McGrath, 1989 : 8-10)。ヤコブ・アマンはトゥーン (Thun) の南のジメンタール・ヴァリー (Simmental Valley) のエアレンバッハ近くの生まれで、再洗礼派の長老であったと記されている。1730年4月12日のヤコブ・アマンの娘の話として、父親のヤコブ・アマンは国外で死んだとある。

この１６４４年生まれのヤコブ・アマンの父親はミヒャエル・アマン（Michel Amman）、母親については旧姓で記載されており、アナ・ルッペン（Anna Ruppen）である。古文書記載の綴りはRuppとなっていたが、記入ミスのようである。[2]ヤコブ・アマンは１６４４年2月12日に洗礼を受けた。

メノナイトを中心とする再洗礼派の百科事典である*Mennonite Encyclopedia*の「Jakob Ammann」でも、１６４４年生まれのヤコブ・アマンが、アーミッシュを結成したヤコブ・アマンであろうと記載されている。

②　１６５６年生まれのヤコブ・アマン

ホステトラーは、古文書から１６４４年生まれのヤコブ・アマンが最も有力であるとしながらも、１６５６年生まれの可能性についても言及している。[3]１９７５年のチューリッヒのあるアマン家の家系についての文献によると、ヤコブ・アマンという者が１６５６年2月19日に生まれている。このヤコブ・アマンは、ヤコブ・アマン（Jacob Ammann）とカタリーナ（Katharina）・アマン（旧姓ローエンバーガー（Leuenberger））の三男で幼児洗礼を受けている。このアマン家は、ベルン州のマディスヴィル（Madiswill）村のスタインガッセ（Steingasse）の農家である。マディスヴィルは、再洗礼派の多い地域であった。このヤコブ・アマンの結婚や死亡の時期についての記録はないが、マディスヴィルから突然姿を消したとある。

エアレンバッハ村の教会

エアレンバッハ村の遠景

ホステトラーは、1656年生まれであるならば、アーミッシュ分立時の1693年には37歳となり、ハンス・ライストが、忌避をめぐるアマンとの論争でアマンのことを「若造」と言ったこともうなずけると述べている。17世紀当時、再洗礼派は犯罪者のように見なされていたため、追われるように生地を去り、また、結婚や死亡時期が不明なのもありうるとしている(4)。

1656年生まれのヤコブ・アマンは子孫保有の系図以外に記録がない。一方、1644年生まれのヤコブ・アマンは、後述するが、官憲の家族等に対する威圧的な取締目的の接触などの公文書の記録もある。ハンス・ライストの生年月日も定かではないため、アーミッシュ分立時に１６４４年生まれのヤコブ・アマンの49歳という年齢でもハンス・ライストより若かった可能性もある。実年齢が若くなくても、白熱した議論で改宗した新参者の信者に対してその教義の理解の浅さを象徴的に表すために「若造」と呼んだとしても不思議ではない。

本稿でも、ヤコブ・アマンは１６４４年にベルン州のジメンタール・ヴァリーのエアレンバッハ近くで生まれ、1644年2月12日に幼児洗礼を受けたとする。再洗礼派になったのは、１６７９年のようである。(5)

3　ヤコブ・アマンの宗教的背景

ヤコブ・アマンが再洗礼派の家に生まれたか、あるいはベルン地方の主流の改革派教会の家に生まれ、後に改宗により再洗礼派になったかは、アーミッシュの分立を考える上で重要な点である。特定の宗教の帰属意識が希薄な者には理解が困難なことであるが、改宗によりある宗教を信仰することになった人は、生まれながら、また代々その宗教を信仰している家系の信者から低く見られる傾向がある。ヤコブ・アマンの厳格な忌避の実践についてのハンス・ライストとの激しい議論の応酬は、ヤコブ・アマンが改宗者であったために、より反動的になり、より厳格な教義の実践を主張したからだと考えられている。(6)また、ハンス・ライストがヤコブ・アマンに対して「若造」と言ったのは、生物学的年齢よりも教義の理解の青臭さという意味であろうという解釈がアマンとその一派の１６９３年11月22日付けの書簡から指摘されている。[7] この書簡の当該箇所には「若造」（der Jünger）だけでなく、「長老」（die Alten）ということばがハンス・ライストに対して使われており、老若の対比は生物学的年齢よりも年功序列の意味合いが強い。

前述のように、ヤコブ・アマンは１６４４年２月12日に洗礼を受けた。洗礼を受けたということから、ヤコブ・アマンは、再洗礼派の家庭ではなく改革派教会の家庭出身である。

また、ヤコブ・アマンの娘は、ヤコブ・アマンの死後、改革派教会に入っているが、ベルン州が教父（godfather）のように受洗を保証するような役割をしていることから、ヤコブ・アマンの家がもともと改革派であったことの証として見られている。[8]

さらに、エアレンバッハ村の古文書によると、ヤコブ・アマンの両親のミヒャエル・アマンとアナ・ルッペンは、１６８８年５月４日に官憲に再洗礼派か否かを問い質されている。１６８８年のヤコブ・アマンは44歳の再洗礼派の教役者ということになるので、当時犯罪者のように取り締まられていた宗教に改宗した息子の親が、親も同じく改宗したのではないかと、その宗教的背景を問い質されることは不思議ではない。[9]

１６９３年７月９日にも、また、ミヒャエル・アマンと娘のキャサリン（ヤコブ・アマンの姉妹）は、改革派教会の聖餐式に行かなかったことを咎められ、次の聖餐式に不参加の場合は再洗礼派とみなして処罰すると言われたとある。このことも、ヤコブ・アマンが改革派出身で、改宗により再洗礼派になったことの根拠とされている。[10]

4　エアレンバッハ追放後のヤコブ・アマン

再洗礼派に改宗したことによりヤコブ・アマンはエアレンバッハを追放されることになった。スイスの再洗礼派に対する迫害は厳しく、土地所有などは認められなかった。生まれた子どもも嫡出子として認められないため、財産の相続権もなかった。

アマンは、アルザス地方に行くまで、ベルン州の別の地域に移っている。ベルン州のどの地域に行ったかについて、ボヴィル（Bowil）説とオーバーホーフェン（Oberhofen）説とシュテフィスブルグ（Steffisburg）説がある。

(1)　ボヴィル説[11]

ヤコブ・アマンは、再洗礼派に改宗後、生地のエアレンバッハを追われるようにして、エメンタール地方のボヴィル（Bowil）近辺のフリーダーズマット（Friedersmatt）に移った。ボヴィルはスイスのベルン州にある町で、１５２９年以降再洗礼派の信者が多く住んでいた。エアレンバッハから30キロ北西にある。

ヤコブ・アマンが住んでいた家は現存している。アマンは、この地では再洗礼派の信者として住んでいたが、1673年頃にボヴィルから、また追われるようにしてアルザス地方に移った。

(2) オーバーホーフェン説[12]

ヤコブ・アマンは、ベルン州のオーバーホーフェン（Oberhofen）に住んでいた。1675年から1678年まで仕立て屋の見習いをしている時に、主人のヤコブ・シュトゥトラー（Jacob Studler）の娘と思われるヴェレーナ・シュトゥトラー（Verena Studler）と結婚した。

1680年6月4日にベルンとオーバーホーフェンの行政官との間で、アマンについてやり取りがされている。その内容は、エアレンバッハ出身のヤコブ・アマンは再洗礼派の教えを撒き散らしているので、活動をやめさせなければならない。アマンがやめない場合にはベルン地域からの追放処分にしようというものである。[13] 1693年12月13日には、再洗礼派の指導者であるアマンの首には100ターラー（thaler）の賞金がかけられていた。[14]

(3) シュテフィスブルグ説[15]

1693年以前はシュテフィスブルグ（Steffisburg）に住んでいて、ヤコブ・アマンがこの地にいる時に父親のミハエル・アマンが再洗礼派に改宗している。父親が、エアレンバッハで改宗しなかったのは、エアレンバッハの再洗礼派に不信感を持っていたからである。

いずれの説をとっても、ヤコブ・アマンはエアレンバッハ、トゥーン、その北部の地域であるベルン地方に住んでいたことは間違いない。

5　アルザスでのヤコブ・アマン

ヤコブ・アマンは、アルザス地方に１６７３年から１７１２年まで住んでいた。公文書によると、アルザスでのヤコブ・アマンは、仕立屋の職業についていた。父親のミヒャエルも仕立屋だった。幾ばくかの広さの土地と、乳牛を２頭、やぎを３匹所有していた。

(1) セレスタ近辺のヤコブ・アマン[16]

ヤコブ・アマンは、１６７３年から１６９５年の20年間、平地のセレスタ（Selestat）近くのハイドルスハイム（Heidolsheim）やオーネンハイム（Ohnenheim）のあたりに住んでいた。オーネンハイムには再洗礼派の信者が多く、再洗礼派の拠点のような村で、人口の半数以上は再洗礼派であった。アマンはこのオーネンハイムの教区で入会を承認され、住まいは近くのハイドルスハイムであった。アルザス地方でも、１６９３年にはヤコブ・アマンの首には１００ターラーの賞金がかけられていた。父親のミハエルもヤコブ・アマンと同行していたようである。父親は１６９５年４月23日に死んだが、ハイドルスハイムは、カトリック教徒が優勢の地域だったため、土着の人間でもなく再洗礼派でもあるミハエルの埋葬は許されず、5キロ離れた隣村で埋葬に付した。

(2) マルキルヒのヤコブ・アマン

アマンは、ヴォージュ山脈の山間の村のマルキルヒ（Markirch、現在のサント・マリー・オー・ミーヌ（Saint-Marie-aux-Mines））近辺のル・プティット・リープヴル（Le Petite Liepvre）に住み、再洗礼派の説教師や長老を務めていた。ル・プティット・リープヴルには、現在、ヤコブ・アマン通り（Rue Jacob Amman）という名前の通りがある。

アマンが住んでいたアルザス地方は、30年戦争により荒廃した土地が多く、農作業の能力の高い再洗礼派に耕作させて豊かにしようと、領主が再洗礼派の移住を促進していた。アルザス地方にはベルン地方から迫害を逃れて再洗礼派が多く移住してきていた。移住者の多くは平地のハイドルスハイムやオーネンハイムに住むことを好み、マルキルヒに住む者は全体の5分の1程度であった。マルキルヒは、現在のフランス名のサント・マリー・オー・ミーヌ（「ミーヌ」は鉱山）という名が示すように鉱山の村であった。鉱山業が衰退した村には空き地があり、その空き地に再洗礼派はこぞって住んだ。ヤコブ・アマンは、父の死後にハイドルスハイムからマルキルヒに移ったようである。1694年から1696年の間に60家族の再洗礼派がマルキルヒに移住した。

アマンは、公文書の署名に、字が書けない旨の補足が係官により書かれていたので、字が書けなかったと考えてよい。字が読めたか否かについては不明である。しかし、人心を捉える能力に長け

ヴォージュ山脈のマルキルヒの村

ており、１６９６年2月には自分の教区の再洗礼派の信者の兵役免除や徴税徴収の業務の免除を行政官にかけあい、その要求を通した。行政官からアマンは「新興再洗礼派の指導者」と評されている。しかし、後に村内で揉め事があっても仲裁に入ったという記録がないことから、ヤコブ・アマンの指導力は下がったという見解もある。(17)

ヤコブ・アマンという者がアルザスの平地のバール（Barr）近辺で商取引をしていた記録があることから、ヤコブ・アマンがバールで隠居生活を送っていたのではないかという説がある。(18) そして、このヤコブ・アマンは£１２００（現在の約７００万円）の資産を持っていたようである。ヤコブ・アマンがマルキルヒから追放された時、牛2頭とやぎ3匹しか所有しておらず、それを£45（約26万円）で売却したという記録から、バールのヤコブ・アマンは別人の可能性が高い。

ヤコブ・アマンのアルザス地方在住の記録として、１６９６年と１７０３年の再洗礼派名簿にヤコブ・

アーミッシュ発祥の地

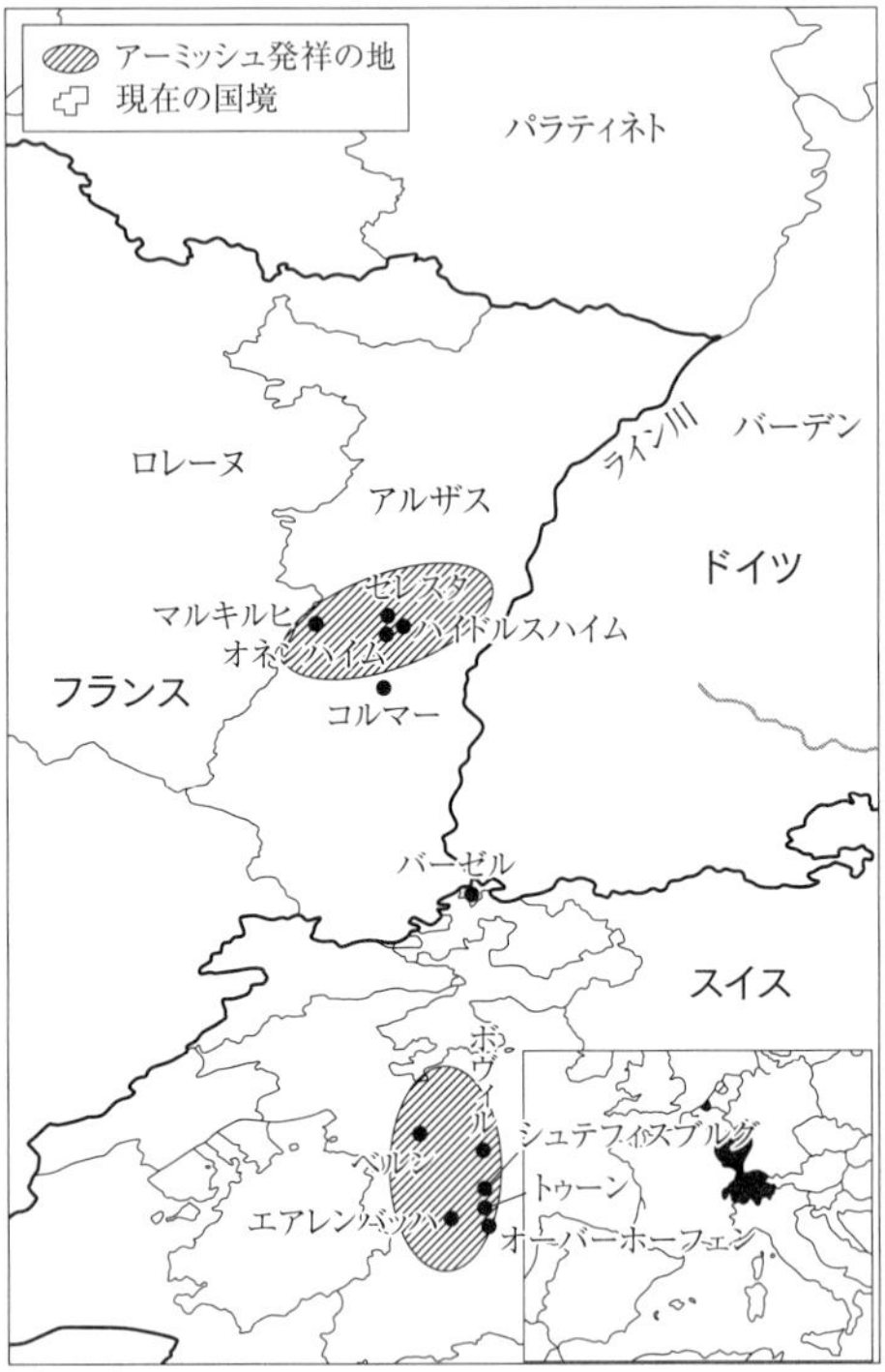

（Kraybill et al（2015:29）の Areas of Amish Origin in Europeを基に作成）

アマンの名前があるが、1713年の再洗礼派名簿にはヤコブ・アマンの名前はない。なお、この再洗礼派名簿はマルキルヒ近くのコルマー（Colmer）市古文書部に保管されている。

当時の再洗礼派の長老の話によると、多くの再洗礼派は1712年のフランス国王ルイ14世のアルザス地域からの再洗礼派追放令により追放された。1723年の時点で再洗礼派の家族は14家族しか残っていなかった。ヤコブ・アマンは1696年からマルキルヒに住んでいたが、１７１２年にアルザスを追放され、その後の行先ははっきりとしない。

(3) ヤコブ・アマンの娘の証言

ヤコブ・アマンの娘は、１７３０年に、エアレンバッハから遠くないヴィミス（Wimmis）でベルン州が後見人になるような形で4ターラーを払って改革派教会に入っている。その時に、娘は、父親のヤコブ・アマンはエアレンバッハ生まれで、再洗礼派の教役者であったが、外国で死亡したと話したとの記録がある。ヤコブ・アマンは、１７１２年の追放後から１７３０年までの間に、フランスを追放され、故郷のスイス以外のどこかの地に逃れ、やがて死んでいたことになる。

6　１７１２年以後のヤコブ・アマンの足跡

マックグラスは、ヤコブ・アマンは、アーミッシュのアメリカ移民の先導者としてペンシルヴァニアに渡り、そこからノースカロライナに移り、先住民の襲撃を受けて死んだという仮説を立てている。[19] ヤコブ・アマンがヨーロッパで死んだとするならば、首に１００ターラーの賞金をかけられた再洗礼派の指導者ということで死亡の記録が当然あるべきである。新天地のアメリカで先住民の襲撃による死亡なら記録がないこともありうるというのが、アメリカ死亡仮説の根拠である。以下にマックグラス説を記す。

(1) オランダからペンシルヴァニアへ

ヤコブ・アマンは1712年にアルザス地方から追放されてオランダに渡った。オランダのメノナイト・コミュニティと接触したが、オランダのメノナイトが世俗化しているのに失望して、アーミッシュを率いて新天地を目指し、1714年にペンシルヴァニアのバークス郡に到着した。

(2) ペンシルヴァニアからノースカロライナへ

18世紀にペンシルヴァニアに移住した白人には、後発組の移住ということでペンシルヴァニアでの定住が難しいと判断して、ノースカロライナなどに移住する者が多かった。このため、アパラチア山脈伝いにペンシルヴァニアからヴァージニアを経てノースカロライナに行く開拓者のルートができていた。ノースカロライナのヤドキン（Yadkin）川とユーハリ（Ewharrie）川が交差するあたりは、肥沃な土地で、雉《きじ》、兎、鹿などの野生の動物も多くいた。

1720年代の初めにペンシルヴァニアからノースカロライナのこの肥沃な土地に移住したアーミッシュの家族が数世帯いる。それらの家族の間には、ヤコブ・アマンの息子が1730年にヨーロッパからペンシルヴァニアに移住し、後にノースカロライナに向かい、おそらくは父親を探しに来ていたのだろうとの言い伝えがある。

(3) 先住民の襲撃

ヤコブ・アマンは、1720年から1730年頃に、ノースカロライナのヤドキン川とユーハリ川が交差するところでアーミッシュのコミュニティを作った。しかし、1730年に先住民の襲撃を受けて、コミュニティは壊滅状態になった。1742年に、ダンカード・ブレザレン（Dunkard Brethren）と呼ばれる再洗礼派の教派のグループが、ペンシルヴァニアからアーミッシュのコミュニティのあった所にやってきた。先住民の襲撃で生き残ったアーミッシュは、このダンカード・ブレザレンの教会に所属するようになった。一部のアーミッシュは、ノースカロライナ州ランドルフ（Randolf）郡あたりに住みついた。現在のランドルフ郡には、アマンの苗字から派生したと思われるオーマン（Auman）という名前が多く見られる。ヤコブ・アマンの子孫の可能性が高いが、教派はアーミッシュではない。

7 むすび

アーミッシュの創始者のヤコブ・アマンは、生まれながらの再洗礼派ではなかった。スイスのベルン地方の改革派の家庭に生まれたが、再洗礼派の教えに共鳴して、命を懸けて改宗した。再洗礼派は、異端と見なされていたため、ベルンを追われアルザスに逃れた。しかし、メノナイトの再洗礼派の教義の実践が緩やかになったことに強い不満を持ち、再洗礼派の教義の厳格な実践を求め、アーミッシュを分立した。後に、アルザス地方で再洗礼派追放令が出され、アルザスを去った。

マックグラス説を採用するならば、ヤコブ・アマンは、アルザスを追われてオランダに行った。しかし、オランダのメノナイトは、教義を厳格に実践していないとして、アマンに賛同する信者を率いて新天地のアメリカに渡った。アメリカでは、ペンシルヴァニアに入ったが、メノナイトがすでに定住していてアーミッシュの居住地の設立が難しく、ノースカロライナの肥沃な土地を開拓してアーミッシュの居住地を作った。ところが、先住民の襲撃を受け、ヤコブ・アマンは殺された。ヨーロッパで殉教者として死ぬのであれば、記録が残るが、先住民の襲撃で死んだため、記録が残らなかったようである。

改宗による再洗礼派のヤコブ・アマンは、生まれながらの再洗礼派より厳格な教義の実践を主張し、アーミッシュを分立した。現在のアーミッシュの姓名のほとんどは、再洗礼派のもともとの苗字である。アマンという改革派の苗字はほとんどない。生まれながらの再洗礼派でなく、その親族がアマンの教えを継承することがなかったことが、アーミッシュの間で、ヤコブ・アマン個人に対する崇拝のような感情が強く出ないことの理由と考えられる。今後のさらなる研究が待たれる分野でもある。

注

(1) Gascho (1937 : 244).
(2) McGrath (1989 : 10).
(3) Hostetler (1993 : 41-2).
(4) Hostetler (1993 : 42).
(5) Huppi (2000 : 333).
(6) Hostetler (1993), Nolt (2015).
(7) Huppi (2000 : 335).
(8) McGrath (1989 : 11).
(9) McGrath (1989 : 11).
(10) McGrath (1989 : 11), Gratz (1951 : 137).
(11) McGrath (1989), Hostetler (1993).
(12) Furner (2000), Huppi (2000 : 329), Nolt (2015).
(13) Furner (2000 : 326).
(14) Huppi (2000 : 329).
(15) Baecher (2000 : 146).
(16) Baecher (2000 : 146-147).
(17) Baecher (2000 : 156).
(18) Baecher (2000 : 148).
(19) McGrath (1989 : 81-99).

第3章　アーミッシュの成立（1693年）

1　アーミッシュ分立の記録

ヤコブ・アマンがスイス再洗礼派から分立してアーミッシュが誕生することになったアマン・ライスト論争について、論争の場にいた関係者の書簡がある。書簡は分立について客観的に書かれた記録ではなく、自分の主張や相手方の主張の非難などを訴えるために書かれ、アルザス地方やスイスの再洗礼派の間で回し読みされていた。一方、これらの書簡からは、論争の場となった会議が何回開催され、それぞれの会議でどのような議論が交わされたかについて読み取れる。

書簡の原本は現存していないが、手書きの写しがとられている。原本はスイス・ドイツ語の地方の方言で書かれており、書き手は学問に秀でていたわけではなかったので、書簡の文体に地方方言だけでなく、粗野な表現も見られる。しかし、写しが繰り返されるに従って標準ドイツ語に変えられている。

写しのほぼ完璧な書簡集がベルン州エメンタール地方のメノナイトの信者の手元に保管されていた。また、書簡の写しの多くは18世紀初めにペンシルヴァニアに移住したアーミッシュが持って行き、それのさらなる写しが取られ、子孫に引き継がれている。

アーミッシュ分立の書簡集は3つある。(1) 一つはクリスチャン・ブレネマン（Christian Brenneman）というアーミッシュが所有していたものである。1871年にスタッキー・アーミッシュの分派を推し進めたイリノイ州のジョセフ・スタッキー（Joseph Stucky）が *Eine Begebenheit die sich in Deutschland und in der Schweiz von 1693 bis 1700 zugetragen hat* という題でイリノイ州で出版している。1936年には第4版が出版され、第4版にはヤコブ・アマンとその一派の書簡も加えてある。二つ目の書簡集は、オハイオ州のヨハネス・スタイナー（Johannes S. Steiner）がまとめたものである。1876年にヨハネス・モーゼル（Johannes Moser）が、*Eine Verantwortung gegen Daniel Musser's Meidungs-Erklärung, welche er gemacht hat in seinem Buch, betitelt: Reformirte Mennonitten* という題でオハイオ州で出版している。三つ目の書簡集は、スイスのエメンタール地方のライングート（Raingut）のペーター・キップファー（Peter Kipfer）が所有していた90頁に及ぶ書簡をまとめたものである。*Der Christliche Gemeinde Kalender* という題で、1908年、1909年、1915年にドイツで出版されている。これらの3つの書簡集に基づいて、アーミッシュ分立の研究がなされている。

１９５０年には、ジョン・マスト（John B. Mast）が *The Letter of the Amish Division* という題で書簡集の英語版を出している。１９８７年になるとスイス・メノナイト歴史学会（Swiss Mennonite Historical Society）のアイザック・チュルヒャー（Isaac Zürcher）がメノナイトの古文書館（Mennonite Archives of Jeanguisboden）に保管してあった書簡集を出版した。この書簡集はスイス・ドイツ語の地方方言が残っていて、原本に最も近い書簡集である。[2] このチャルヒャーの書簡集をできる限り忠実に英訳したのが、ジョン・ロス（John D. Roth）の *Letters of the Amish Division: A Sourcebook*（アーミッシュ分立の書簡集：原典）である。これらの資料をもとにわかりやすく整理したものが、スティーヴン・ノルト（Steven M. Nolt）の *A History of the Amish* の第2章の Amish Beginnings, 1693-1712とジョン・ホステトラー（John A. Hostetler）の *Amish Society* の第2章の The Birth of Amish Society である。本稿では、ホステトラーを中心にまとめた。

2

17世紀後半のスイス・メノナイト

17世紀のスイスでは、スイス・メノナイトに対して16世紀の再洗礼派の迫害の嵐の名残のような状態があった。特に、１６７０年を頂点に１６９０年の初めまで、罰金や市民権の剥奪、投獄や追放などがなされ、スイスからアルザスやパラティネト地方に逃れる再洗礼派が多かった。

一方、スイスに残ったメノナイトは、迫害を避けるために、時折国教会の礼拝へ参加する、再洗礼派でないことを公の場で宣言するなどして、迫害をかわしてきた。再洗礼派でない国教徒の中に、迫害の中で信仰を貫く再洗礼派に高潔さを見出して、助けを差し伸べる者も現れてきた。しかし、再洗礼派でない者との交流は、この世と忌避を貫く再洗礼派の理念に反するものであった。

厳しい迫害の中で、メノナイトは、メノナイトに救いの手を差し伸べる再洗礼派でない者を「中途再洗礼派（独 Halbtaufer、英 Half-Anabaptist）」や「誠意ある人々（独 treuherzige、英 True-Hearted）」と呼ぶようになった。しかし、このような再洗礼派でない者は、幼児洗礼を実施し、この世との忌避も実践していない。そのため、危険を冒してまで再洗礼派を支援する者であっても、再洗礼派ではないため、再洗礼派のように死後天国に行けるか否かが大きな議論になった。また、官憲による厳しい迫害のなか再洗礼派でない者による支援について、メノナイトはどうあるべきなのかという議論も活発化した。さらに、再洗礼派でない者の中にメノナイトを支援するだけでなく、成人洗礼をしてメノナイトに改宗する者も出てきた。改宗者は、再洗礼派の教義を真摯に受け止めて生命や財産の危険を冒して転向したのである。改宗者は、再洗礼派に厳格な教義の遂行を求めた。ヤコブ・アマンもこのような改宗者の一人であった。

ヤコブ・アマンは、前述のように1680年頃スイスのベルン地方で再洗礼派に改宗し、説教者になり、1690年代に迫害によりアルザスに移動した。アルザス地方には再洗礼派がいたが、数はそれほど多くなかった。ベルン地方で再洗礼派を追放する動きが出ると、多くのスイス・メノナイトが迫害の緩やかなアルザスに移住してきた。信仰を理由に移動した信者は、教義を真摯に見直し厳格に実践して教派の改革の機会とすることを望んでいた。ヤコブ・アマンの時代のアルザスの場合も、再洗礼派の教義の解釈を巡り、古くから住んでいる再洗礼派とスイスから移住してきた再洗礼派との間に緊張感が高まっていた。

アマンの改革は聖餐式の年間の頻度を多くすることであった。一方、スイス・メノナイトでは、イエス・キリストの聖餐式は、毎年行われるユダヤ教の過越《すぎこ》しの祭りに由来するものであるから、年１回を主張した。アマンは年２回の聖餐式を主張した。聖餐式では再洗礼派の教えから逸脱した悔い改めない者を排除できるので、年２回の聖餐式は年１回よりも、教会の純潔さを維持しやすいと考えた。

１６９３年の７月か８月だと思われるが、ヤコブ・アマンは、アルザスのマルキルヒの教区で年２回の聖餐を実践した。聖餐式の年２回実践というニュースは、マルキルヒの教区からスイスなどのアルザス以外の再洗礼派の居住地域まで広がり、聖餐式を２回にすべきか１回のままでよいかという大きな論争を招いた。スイス・メノナイトのハンス・ライストをはじめとする教役者は、アマンの主張に対して、当初は特に強く批判はしていなかった。

3 アマン・ライスト論争(3)

(1) ハンス・ライスト

ハンス・ライストは、ベルン州のエメンタール地方の東部のツェイヴィル（Zaziwil）近くのオバタール（Obertal）の出身で、ベルン州の東部のエメ・リバー・ヴァリー（Emme River Valley）でスイス系再洗礼派の教役者を務めていた。バーバラ・ライザー（Barbara Ryser）という女性と結婚している。ハンス・ライストについては、生年月日などの詳しいことはわかってはいないが、迫害を受けた記録はある。

1670年に、ハンスとバーバラは再洗礼派という理由で、ベルンの官憲により財産を没収されている。家、家畜、穀物、織機などを差し押さえられ、追放の刑に処せられた。遅くとも1686年にはベルン地方に戻っているが、1701年に再び逮捕され、国教会の礼拝に出席して、聖餐に与《あずか》ることを命じられている。ハンス・ライストは、厳しい迫害の中で妥協せざるをえない、人間の弱さが身に染みてわかっていたのである。

ハンス・ライストは、再洗礼派を支援する「誠意ある人々」は再洗礼派の洗礼を受けて信者にならなくても、その魂は救われると考えていた。また、再洗礼派から他の教派に改宗した人に対しても食事を一緒にとることなどを拒否する社会的制裁（忌避）をすることもなかった。ライストは、聖餐式は年1回で十分と考えていた。

(2) 洗足式

ヤコブ・アマンは、「社会的忌避」の厳格な実践に加えて、「洗足式」の実践を訴えるようになった。洗足式とは、イエス・キリストが最後の晩餐の時に弟子たちの足を洗って、弟子たちにも足を洗い合うように命じたことに由来するキリスト教の愛とへりくだりを示す儀式である。洗足式について、アルザスの再洗礼派やスイスの再洗礼派の間でも、実践している教区もあれば実践していない教区もあった。

(3) アマンの巡業

アルザスの再洗礼派は、『ドルトレヒト信仰告白』の厳格な「社会的忌避」を実践していた。スイスの再洗礼派は、『ドルトレヒト信仰告白』の厳格な「社会的忌避」を採択せず、『シュライトハイム信仰告白』の「破門」と「追放」を実践していた。

ヤコブ・アマンは、ライストをはじめとするスイス再洗礼派の忌避を徹底しない世俗化に憤った。１６９３年夏にアマンは、実弟のウルリッヒ・アマン、、クリスチャン・ブランク（Christian Blank）、ニコラス・オーグズバーガー（Nicholas Augusburger）の３人の教役者と共にスイス・メノナイトの教区を訪ね、社会的制裁の実践が再洗礼派の信仰において重要であると説いて回った。

ヤコブ・アマンは、ボヴィルの近くのフリーダーズマット（Fridersmatt）に住むライストの仲間のニコラス・モーゼル（Nikolaus Moser）を訪ねた。モーゼルに、①社会的忌避は重要であることと、②ライストの主張する「誠意ある人々（treuherzige）」は救われるという考え方は間違っている、というアマンの主張を強く訴えた。モーゼルも、アマンの主張に納得するようになった。モーゼルは、エルダー・シュナイダー（Elder Schneider）にも会って話すように言った。

アマン一行は、エルダー・シュナイダーのところには行かずに、ハンス・ライストの仲間のペーター・ギゲル（Peter Giger）が住むツェイヴィルに近い、リュテネン（Reutenen）という村に行った。アマン一行は、到着後に会議を開催したが、夜遅かったためギゲルには開催の通知をしなかった。ギゲルは、深夜に会議があることを耳にして、アマンのところに出てきたが、会議は終わりかけていた。アマン一行は、隣村のハプストッテン（Habstetten）に行き、ニコラス・バルジ（Nicholas Baltzi）という教役者に、中途再洗礼者が救われると説いていることを咎めた。バルジは、アマン一行に感情的にならないように言った。

(4) アマンとライストの論争

アマン一行は、次に、ハンス・ライストのいるエメ・リバー・ヴァアリーに行った。ライストに、ライストの見解を聞きたいので、出て来るように言った。

ヤコブ・アマンは、忌避に関して次の３つの点の重要性を強調していた。

①教会の交わりから追放に処せられた者は、聖餐の交わりからだけでなく家族との日常の食卓からも忌避されるべきである。

②「誠意ある人々」といえども、再洗礼派としての洗礼を受けない限り、救われることはない。

③嘘いつわりを言う者はすべて追放されるべきである。

これに対して、ライストは、①の忌避を否定し、②の「誠意ある人々」も救われる、③の嘘いつわりを言った女性の追放に同意せず、アマンを非難している。ライストは、イエス・キリストは罪人と食事をしても自分自身は清く保たれていたので、アマンの社会的忌避の厳格な実践について反対した。

アマンは、ライストが嘘いつわりを言った女性に対して社会的忌避をせずに教会員にしていることを厳しく非難した。そして、①から③の方針に照らすと、ライストがイエス・キリストの信者を誤った方向に導いているとして、ライストへの非難を厳しく繰り返した。

アマン一行は、次にエギヴィル（Eggiwil）に行った。エギヴィルの教役者は、アマンにスイスの教役者の全体集会を開催して、公の場で議論して決めるべきではないかと言った。そこで、全体集会が開催されることになった。アマンは、モーゼルの納屋で即時開催することにした。あまりにも急な開催だったので、集合した教役者の数は極めて少なかった。ハンス・ライストも欠席だった。ニコラス・モーゼルとペーター・ギゲルは、アマンとライストの溝の深さを感じ取った。そこで２

アマン・ライスト論争の舞台（スイスのベルン州，アルザスのマルキルヒ）

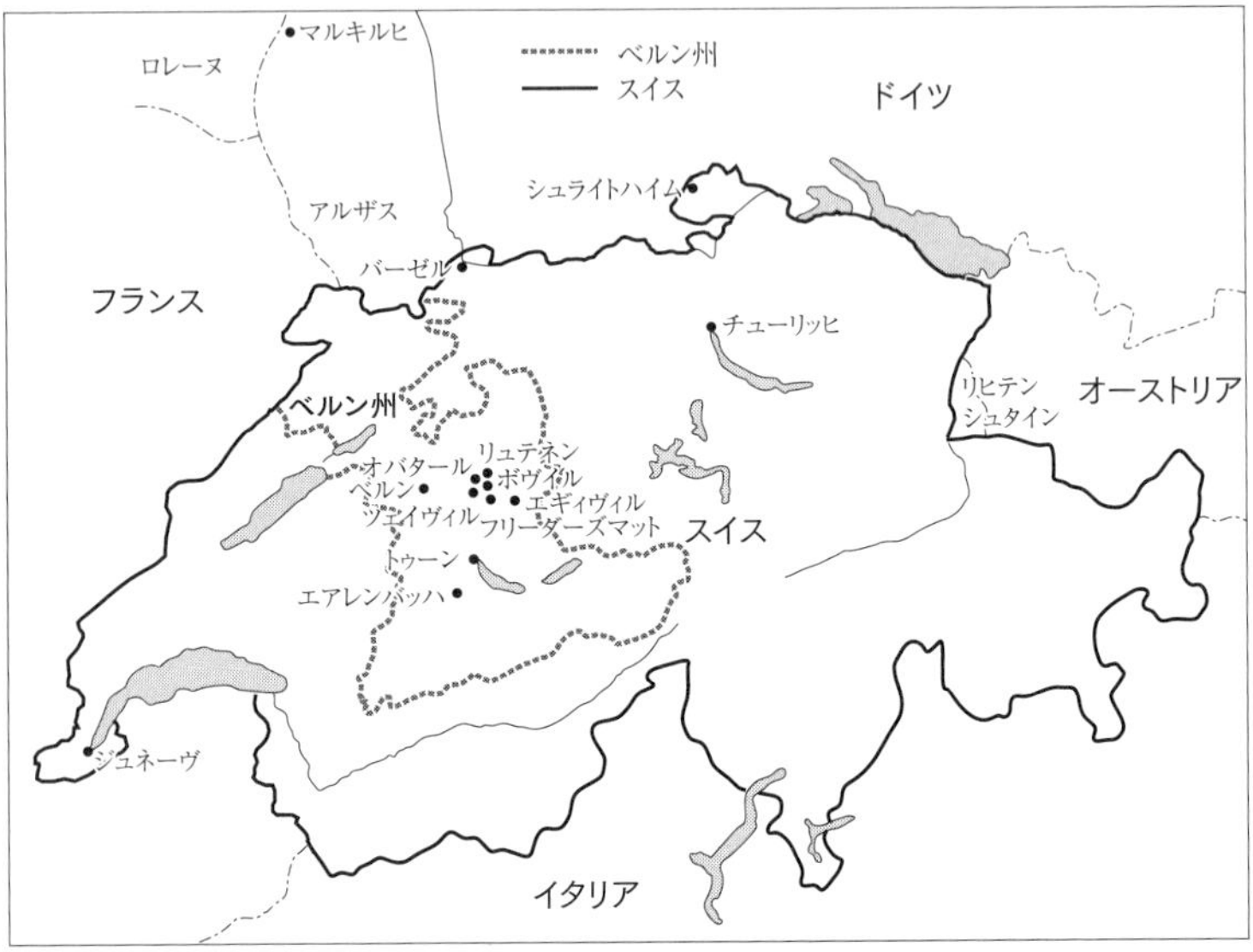

（Mennonite Encyclopedia Ⅳ,P674,Switzerlandを基に作成）

人は、アマンの説得により同意していた①から③までのアマンの主張について撤回することにした。そして、教役者全員が集合した場で、社会的忌避について全体で議論して決定すべきだとアマンに言った。

アマンは全体集会の開催を8日後にしようと言い、ギゲルは3週間後がいいと言った。中をとって、2週間後に開催されることになった。この2週間の間、水面下でいろいろ意見が交わされていた。アマンは、教役者2人をライストのところに遣わして、ライストの社会的忌避に関する見解を再度質した。ライストは、アマンへの回答を引き延ばし、仲間の教役者たちに若造（のアマン）を相手にするなと手紙を出したのである。

ニコラス・モーゼルの家

全体集会の日になった。ライストは全体集会に出て来なかった。アマンは催促の使いを遣わしたが、ライストもその仲間の教役者も収穫期という理由で全体集会を欠席した。アマンは激怒し、服のポケットから文書を取り出し、破門理由を述べて、ライストと仲間の教役者を破門にすると宣言した。アマンは、次にモーゼルに対して社会的忌避についての見解を質した。モーゼルは、自分一人で教区を代表して述べることができないと言った。アマンは、ギゲルに同じことを尋ねた。ギゲルは、教役者全員がいない中で意見は言えないと答えた。アマンは憤って、モーゼルとギゲルを破門した。さらに、その場にいた他の教役者にも同じ質問をした。彼らが社会的忌避の実践をしないと回答したため、アマンは彼らも破門した。第2回全体集会は決裂に終わり、アマンは、その場を立ち去った。ただ、この時点では、誰もアーミッシュの分立までは考えていなかったが、再洗礼派の中で、ライストの主流グループとアマンの少数グループの存在が明確になったのは事実である。

4 アーミッシュの分立

第2回全体集会の決裂は、プファァルツ地方だけでなくドイツ北部やオランダのメノナイトにまで、ニュースとなって広まった。プファァルツ地方の教役者には、ヤコブ・アマンのことを無視するようにと手紙を出す者もいた。一方、アルザス地方の教役者たちはアマン支持であった。アマンは、マルキルヒで官憲に媚《こび》を売って国教会の礼拝に参加した再洗礼派を破門したことがあったので、アマンの主張はマルキルヒでは理解されていた。むしろライストが社会的忌避の実践を拒否することが、マルキルヒの再洗礼派には理解できなかった。アマンは、ライン川沿いの再洗礼派とスイスの再洗礼派に、1694年2月24日までにアマンを支持するのかライストを支持するのか、立場を明らかにするよう通達していた。3月7日までにアマン支持を表明しない場合は、破門すると公言した。

事態が泥沼化してきたので、プファァルツ地方の教役者は、アマンとライストの調停に乗り出し、妥協案を提案した。ライストについては、教会の戒律の実践に怠慢な点があったこと、「誠意ある人々」のみ救われるということを明確にしなかったことは誤りであるとした。また、アマンの社会的忌避の実践には反対であった。ライストやスイス・メノナイトは、不承不承ながらこの妥協案を受け入れそうな気配であった。しかし、アマンは頑として受けつけなかった。

プファルツ地方の教役者は、再洗礼派の分裂を心配して修復の機会をとアルザス地方で会議の開催を提案した。１７９４年3月13日にオーネンハイム（Ohnenheim）の製粉場で会議が開催された。アマンは一切の妥協を許さず、製粉場を去った。スイス、パラティネト地方の教役者はアマンに賛同できない理由を文書としてしたためた。そこで、アマンは、パラティネトの教役者を破門した。破門された教役者の中にはアマンと面識がない教役者もいた。こうしてオーネンハイムの会議も失敗に終わった。

オーネンハイムの会議でどちらにつくのかを明確に表明した69人の教役者のうち27人がアマン支持であった。アルザスの教役者23人のうち20人がアマン支持で、ドイツでは１人、スイスでは５人がアマン寄りであった。中欧の再洗礼派の分裂というよりアルザス地方の再洗礼派の分離独立の様相を呈していた。

１７００年になると、アマン側、即ち、アーミッシュ・グループは、アマンのやり方はあまりにも性急であったことを認めるようになった。アーミッシュ側は、アマンが行ったライスト側の再洗礼派の破門の取消をして、ライスト側との和解の可能性を探った。ライスト側とアマン側は一堂に会して、修復に向けて話し合った。しかし、アーミッシュ側は、「社会的忌避」の厳格な実践を曲げることができなかった。和解の折り合いがつかず、「アーミッシュ」の分立となってしまった。

5　むすび

生まれながらの再洗礼派ではなく、改宗により再洗礼派になったヤコブ・アマンにとって、スイス・メノナイトの緩やかな忌避の実践は許容できるものではなかった。アマンは、最初からアーミッシュの分立を目指して運動したわけではなかった。しかし、ライストとアマンの溝は広がるばかりで、結果としてアーミッシュの分立となった。

それにしても、厳格な忌避の実践を行わないことを理由に、アマンは次々と教役者を追放処分にしている。拙速とも思える行動に、アマンの気性の激しさが垣間見える。

アマンは、ライストとの論争のために、アルザス地方のマルキルヒから200キロ離れたスイスのエメンタール地方に行っている。マルキルヒはヴォージュ山脈の中にある村で、そこからストラスブルグあたりに出て、バーゼルを通ってベルン地方に入ったものと思われる。馬か徒歩が主流の当時の交通事情を考えると、かなりの日数を要したであろう。ベルン地方で再洗礼派の家を何軒も訪ね、全体集会を急遽開催している。行動力があると言えばそれまでであるが、アマンの再洗礼派の教義に対する強い熱意、気性の激しさが見える。

現在のアーミッシュも忌避を巡る解釈で分派を繰り返している。多くの分派は進歩的、世俗的になる分派で、メノナイトに併合されているが、アマンの主張のように社会的忌避の厳格な実践を訴えての分派もある。アマンの主張を実行するアーミッシュが保守的なアーミッシュである。アーミッシュとメノナイトの１６９３年の「決裂」は、実は今も埋まっておらず、双方の間で聖餐の交わりはない。

注

(1) Gascho (1937 : 235-237).

(2) Roth (1993, 2002 : iii).

(3) Nolt (2015 : 26-49), Hostetler (1993 : 33-49).

第4章　アメリカに渡ったヨーロッパ人（16世紀から18世紀）

1　アメリカの植民地

(1) 初期の英国人の入植

アメリカは、英国の単独の植民地として発展した国ではない。スペインやオランダやスウェーデンやフランスのそれぞれの植民地と混在して英国の植民地があった。文化的にも宗教的にも異なったさまざまな「地域」がモザイクのように組み合わさって、東海岸沿いにあった。このモザイクは、幾多の戦争を経て数が減り、そして東海岸から西方へと広がっていった。

英国人の最初の入植は、１５８７年の現在のノースカロライナ州にあるロアノーク（Roanoke）島への１１７人の開拓者に始まる。ところが、３年後の１５９０年に捕鯨船がロアノーク島に行くと、そこには開拓者は一人もいなかった。開拓者の行方は未だに謎であり、アメリカ人のロマンをかき立てている。

英国の次の植民地は、1607年の南部のジェームズタウン（Jamestown）を拠点に発展したヴァージニア植民地である。さらに、1620年になると、北東部のニューイングランドのプリマス（Plymouth）にピューリタンが到着して植民地が築かれた。ニューイングランドの植民地とヴァージニアなどの南部の植民地の間には、国が異なるかのような大きな違いがあった。ニューイングランドの植民地は、ピューリタンが信教の自由を求めて家族単位で移民し、タウンと呼ばれるコミュニティを形成して規律正しい生活を送っていた。その結果、男性は60代、女性は70代と当時としては長寿であった。一方、南部の植民地は、もともと男性のみが経済的理由で入植した経緯もあり男性が多い社会であった。たばこ農園などが点在し、町や村も計画的に形成されたわけではなかった。平均寿命も男性が30代、女性が40代と比較的短命であった。

アメリカの植民地時代の宗教も多様性に富んでいた。ピューリタンは、ニューイングランド全体で宗教組織として影響力を持っていたが、一枚岩のような単純な形態ではなかった。マサチューセッツ湾植民地で牧師を務めていたピューリタンのロジャー・ウィリアムズ（Roger Williams）は、ピューリタンの神聖主義に異を唱えるようになるとマサチューセッツ湾植民地を追放され、1640年にロードアイランド植民地を設立した。ウィリアムズは、ロードアイランドで、クウェーカー教徒やユダヤ教徒にも信仰の自由を保障し、アメリカで初の政教分離を実践した。

ヨーローパ人の居住地 1565-1630年

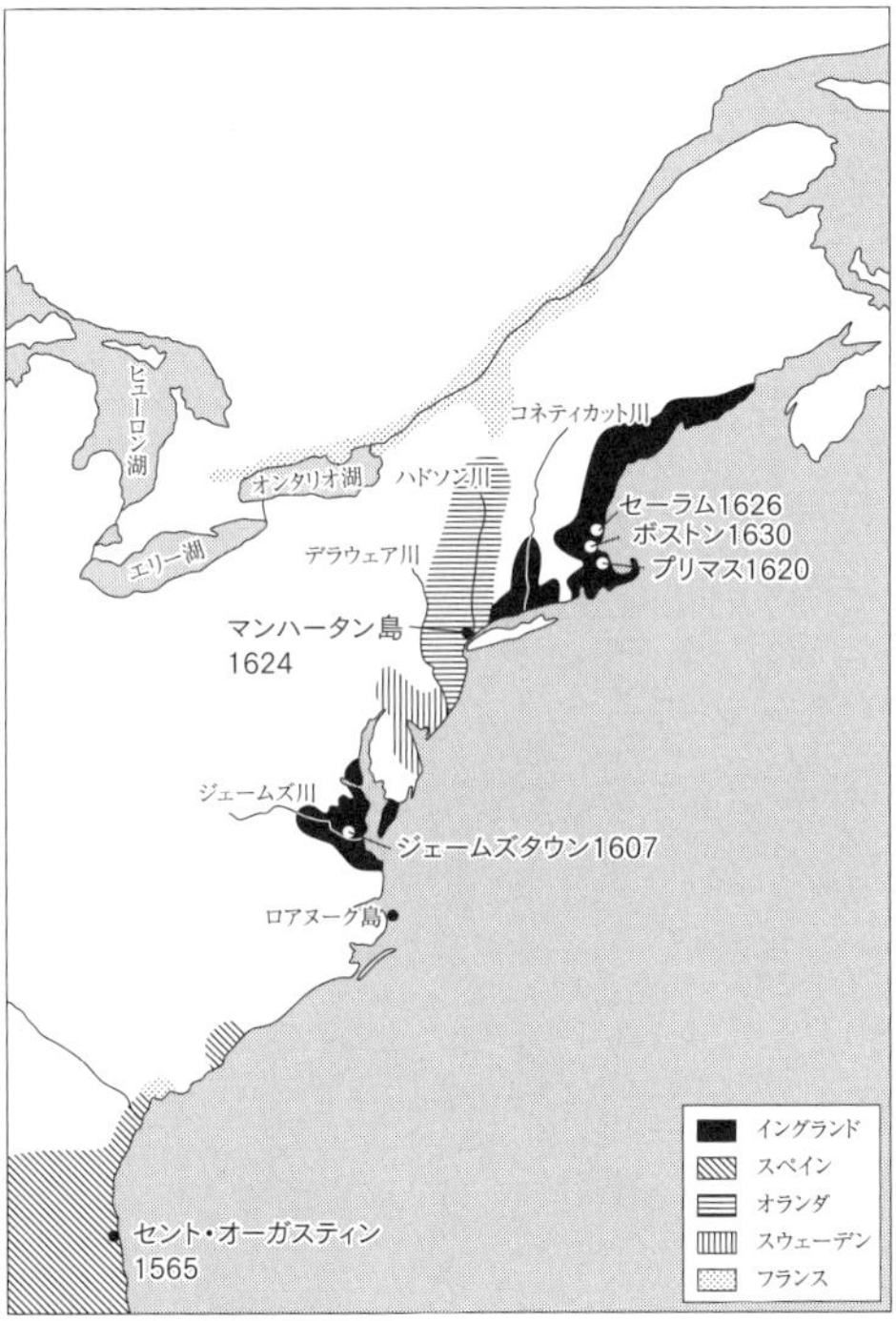

（Gilbert（1985:10）のEuropean Settlementsを基に作成）

南部の植民地では英国国教会が公定教会であったが、中部の植民地は多様性を極めていた。中部の植民地のペンシルヴァニアには、ヨーロッパ大陸からクウェーカー教徒やモラヴィアンやメノナイトやアーミッシュなどが移住し、信教の自由が保障されていた。ニューヨークでは、英蘭戦争により、1667年にニューアムステルダム（現在のニューヨーク）を含むオランダの植民地が英国に割譲されると、宗教も、公定教会がオランダ改革派教会から英国国教会へと変遷した。また、メリーランドは、カトリック教徒のカルバートの領主植民地として出発したが、プロテスタントの移住者が多くなったため「宗教寛容法」（1649年）を制定せざるをえなかったのである[1]。

(2) ピューリタン

初期の頃から多様な宗教が混在していたアメリカで、ピューリタンのみがアメリカ建国神話の原型を担っている。その理由は、ピューリタンは、旧大陸の政治・宗教的堕落から解放された「新しいエルサレム」を新大陸で築くという確固たる使命感を持って新大陸のアメリカに来たからである。アメリカの建国の理念は、この崇高な「新しいエルサレム」に遡ると考えられているのである。

アメリカに最初に移住しプリマス植民地を建設した巡礼父祖と呼ばれているピューリタンは、1620年にボストンの南のコッド岬に上陸するに際して、「メイフラワー誓約書」を交わした。この誓約書で、植民地形成の目的が神の栄光と信仰の増進のためという宗教的目的であることを明確にした。自然発生的に教会が形成されるヨーロッパと異なって、新大陸の未知の荒野の中で「新しいエルサレム」を建設するには、互いの契約が基盤となった真摯で強固な信仰に支えられた教会が必要であった。その結果、ニューイングランドの植民地では、教会自体が統治権力となり、神権政治が行われることになった。言い換えれば、植民地自体が契約による政治団体を形成するようになったのである[2]。

ピューリタンには選民意識があり、これは、現在のアメリカという国家にも見られる意識である。

ピューリタンは、自分たちは、神の恩寵により新大陸に「新しいエルサレム」を築くために選び出された民と考えていた。1630年にマサチューセッツ湾植民地の建設のためにボストン近郊に着いた初代指導者のウィンスロップ（John Winthrop）は、上陸に際し、アーベラ号の甲板で「キリスト教的愛徳の規範」という題の説教を行っている。その説教では、腐敗した旧世界からの大西洋の横断を、旧約聖書の出エジプト記とヨシュア記の紅海とヨルダン川の横断に、マサチューセッツ湾を「ミルクと蜂蜜の流れる約束の土地」（「出エジプト記」3・8）に見立てて、「新しいエルサレム」の建設が、神との契約であり、自分たちはそれを遂行するために選ばれた民であるという使命感について述べている。(3)

ピューリタンは、神の恩寵により新大陸に「新しいエルサレム」を築くために選ばれたのがピューリタンである（選民思想）と考えていた。ピューリタンの社会は、公定教会制度の社会であり、教会員の条件に各自の回心体験を神と教会員の前で告白することが求められていた。「新しいエルサレム」は、信仰告白した清い教会員のみによって構成されており、政治的関与も教会員にのみ限定されていた。

しかしながら、信者の世代が、第2世代、第3世代になると、信仰の継承で問題が生じ、回心の経験を持つことがなく、信仰告白ができない教会員が出てくるようになった。そこで、妥協策として従来の厳格な契約ではない中途契約（Half-Way Covenant）がとられるようになった。中途契約とは、両親が教会員でない子どもに対しても幼児洗礼が許可され、契約に合意すれば教会で中途会員として認めらるが、礼拝の核である聖餐式には与れないという中間的な位置づけの契約である。「新しいエルサレム」は、信仰告白した清いピューリタンのみの構成が不可能となり清い教会員以外も受け入れざるをえなくなったのである。

メノナイトが迫害されている時、メノナイトを支援した再洗礼派でない者を中途再洗礼派として受け入れるかが議論され、忌避を実施しなかったメノナイトは世俗化していった。それに抵抗したアーミッシュが信仰に基づく独特な宗教的コミュニティを築いている。ピューリタンも中途契約を認めるようになり、ピューリタンの厳格な信仰に基づく宗教的コミュニティは存続しなくなった。現在、ピューリタンの流れを汲む教派として会衆派（Congregational church）があり、バプティスト、クウェーカーなどもある。17世紀のピューリタンと17世紀に分立したアーミッシュとは共通点があり、ピューリタンの末裔の会衆派などとメノナイトにも共通点がある。

(3) ウィリアム・ペン[4]

① 父　親

中部の植民地のペンシルヴァニアは、ウィリアム・ペン（William Penn）の領主植民地であった。ウィリアム・ペンの父親は、英国海軍の提督で、英国国王チャールズ2世とその実弟のヨーク公爵の信頼が厚く、叙爵され貴族院議員も務め、イングランドとアイルランドに広大な領地を所有していた。

②誕　生

ウィリアム・ペンは１６４４年10月14日にロンドンで生まれており、ヤコブ・アマンも１６４４年に生まれたというのが通説であるので、２人は同い年ということになる。２人とも信仰により迫害を受け、一人はより厳格な教派を立ち上げ、もう一人は信教の自由の保障に尽力したのである。

ウィリアム・ペンはオックスフォード大学クライストカレッジで学び、ラテン語、ギリシャ語、フランス語、ドイツ語、オランダ語、イタリア語に通じていた。ヤコブ・アマンの読み書きが怪しげであったのと対照的に、ウィリアム・ペンは当代きっての教養人であった。

③クウェーカー教

ウィリアム・ペンは、オックスフォード大学在学中にクウェーカー教徒の牧師と接触するようになり、クウェーカー教に傾倒した。このことにより退学させられた。１６６７年、23歳の時に英国国教会からクウェーカー教に改宗した。ヤコブ・アマンもスイス改革派から改宗して再洗礼派になっているので、両者ともそれぞれの地域の主流教派の信者から改宗していることに共通点がある。

クウェーカー教は、１６５０年にジョージ・フォックス（George Fox）がイングランドでフレンド派、あるいは、キリスト友会（the Society of Friends）と呼ばれる教派を設立して起こした宗教である。クウェーカー教は、英国国教会の制度化や儀式化を批判し、神との霊的体験を重んじ、神の啓示を受けている時に体を震わせる（quake）ことから、「体を震わせる人」（quaker）と呼ばれるよ

クウェーカー教徒が描かれた
オートミールのパッケージ

うになった。また、再洗礼派のように絶対的平和主義である。英国国教会の批判、平和主義ということから、クウェーカー教徒は英国社会で厳しい弾圧にあった。17世紀のクウェーカー教徒は、オートミールのパッケージにあるように男性はつばの広い帽子と黒や茶の上着を来て、女性はボンネットと地味な色の無地のワンピース系の服で、アーミッシュに似た服装であったが、今は一般的な服装である。

1667年にクウェーカー教に入信したウィリアム・ペンは、翌年の1668年には、クウェーカー教会で説教し、*The Sandy Foundation Shaken*（揺らぐ砂の礎）の冊子で英国国教会を批判した。これにより、ロンドン塔に7カ月間投獄されている。この投獄中にも、*No Cross, No Crown*（十字架なくば王冠なし）を書いている。ウィリアム・ペンは、クウェーカー教会の中で、神学者、説教者、擁護者として精力的に活動し、創始者のジョージ・フォックス、スコットランドの著名なクウェーカー教徒のロバート・バークレー（Robert Barclay）に次ぐ第3位の地位を占めるまでになった。

一方、クウェーカー教徒に対する迫害は厳しくなり、ウィリアム・ペン自身も何度も逮捕や投獄されていた。新天地のアメリカでクウェーカー教徒の避難所を設立したいと考えるようになり、チャールズ2世にアメリカでの植民地建設の許可（特許）を求めた。

④ 領主植民地

チャールズ2世、実弟のヨーク公爵も、ウィリアム・ペンについて宗教はともかく人間として気に入っていた。そこで、チャールズ2世は、1681年にウィリアム・ペンにペンシルヴァニアの土地を父親の負債£16000（現在の約32億円）の代償として下付した。これにより、ペンシルヴァニアの土地は、ペン家の個人所有の領主植民地となった。ペンは、迫害されたクウェーカー教徒の避難所とした。

クウェーカー教徒は蔑《さげす》まれていたので、通常はクウェーカー教徒の避難所に国王の特許状が下されることはありえない。偏《ひとえ》にウィリアム・ペンが国王の信頼が厚いことによる。国王が返済の£16000を工面できないからアメリカの土地を提供したというより、ウィリアム・ペンに便宜を図るという私的行為を負債返済という名目で公のものに正当化する手段だった(5)。もちろん、英国国教会にとって厄介なクウェーカー教徒を英国から追い出せる好機という考えがあったのも事実である。

ペンシルヴァニアには、クウェーカー教徒だけではなく、メノナイトなどの再洗礼派が移ってきた。さらに、スコットランド系アイルランド人、パラティネトのドイツ人、スイス人なども押し寄せた。1683年には3000人だった人口が、5年後の1688年には1万2000人に膨れ上がった。ウィリアム・ペンは、先住民の土地を公正に購入し、先住民のことばの勉強をするなど先住民の接し方にも注意を払っていた。このため、ペンシルヴァニアに移住する先住民も出てくるほどであった。

2 アーミッシュの第一波アメリカ移住（1727年から1770年まで）

(1) メノナイトの移住

1680年頃からメノナイトのペンシルヴァニアを中心とする移民は、ドイツのパラティネト地方やオランダの出身者であった。1683年10月6日にドイツのクレーフェルト（Krefeld）からのメノナイトとクウェーカー教徒の13家族がコンコード号に乗ってペンシルヴァニアに着き、現在のフィラデルフィア市の北西部にジャーマンタウン（Germantown）と呼ばれる町を築いた。これがペンシルヴァニア・ダッチと呼ばれるアメリカのドイツ系移民の起源とされ、10月6日はアメリカではドイツ系アメリカ人の日（German-American Day）として祝日になっている。また、アメリカにおける奴隷制度廃止運動の発祥（クウェーカー教徒による1688年の奴隷制に反対する嘆願書）の地でもあり、独立戦争の激戦地でもあり、アメリカ史において重要な町の一つである。

(2) アーミッシュの移住

アーミッシュの移民はその50年後の１７３０年頃から始まり、第一波となるこの最初の移民の波は１７６６年まで続き、１０２家族でおよそ５００人のアーミッシュがヨーロッパから移住したと考えられている(6)。

１７１０年にペンシルヴァニアに渡ったスイス系メノナイトが、領主のウィリアム・ペンから現在のランカスター郡コネストガ（Conestoga）町あたりに1万エーカーの土地を購入して、ペックウェー（Pequea）入植地を築いた。このスイス系メノナイトのアメリカ移住にアーミッシュも同行していたのではないかという説もあり、それがアーミッシュのアメリカ移住の第一弾であろうと言われているが、文献などは残っていない。

ペンシルヴァニアにはドイツ系移民が多かったが、スコットランド系アイルランド人の入植者も多く、両者は混合することがなくモザイクのようにそれぞれの入植地を造って棲み分けていた。また、このあたりは、元々サスキハノック・コネストガ（Susquehannock-Conestoga）族と呼ばれる先住民の地域で、ウィリアム・ペンが土地のことで交渉していたのもコネストガのあたりである。

１７１７年から１７３６年のペンシルヴァニアの移民関係の書類にアーミッシュと思しき名前があるが、ヨーロッパからの移住なのか、あるいはアメリカの別の場所からの移住なのか、そもそもアーミッシュであるのか否かが定かでない。仮にアーミッシュであったとしても、集団というより個別に移住したことになる。当時のヨーロッパにいたアーミッシュにとって、アメリカ移住はそれほど魅力的なことでもなく、可能であればスイスに残っていたかった。よって、あえてアメリカに向かったアーミッシュは、冒険心に富んだアーミッシュのようである。

(3) 乗船名簿のアーミッシュ

アーミッシュと思しき名前が乗船名簿に最初に見られるのは、1727年10月2日にフィラデルフィアに着いたアドベンチャー号（Adventure）であるが、1737年10月8日に着いたチャーミング・ナンシー号（Charming Nancy）には明確にアーミッシュと言えるアーミッシュが21世帯乗船していたことから、1737年がアーミッシュのアメリカ移民の最初の年と考えられている。

第一波で移住したアーミッシュは500人程度である。苗字には、シュマッカー（Schumucker）、ストルツファス（Stoltzfus）、バイラー（Beiler）、デトワイラー（Detweiler）、ハーツラー（Hertzler）、カウフマン（Kauffman）、クルツァー（Kurtzer）、ラップ（Lapp）、プランク（Plank）、ブランク（Blank）、スタッツマン（Stutzman）、ヨーダー（Yoder）、ズーク（Zook）、ホクステトラー（Hochstetler）がある。

ホクステトラー一族で最初にアメリカに渡ったのはジェイコブ・ホクステトラー（Jacob Hochstetler）で、1736年のハールー号（Harle）でフィラデルフィアに着いたと*Descendants of Jacob Hochstetler*（ジェイコブ・ホクステトラーの子孫）というホクステトラー家の血縁関係を詳細に記した本に記されてある。それより2年後の1738年11月9日着のチャーミング・ナンシー号であることを1970年代にポール・ホステトラー（Paul V. Hostetler）が文書で見つけた、と同書の後書でダニエル・ホクステトラーが書いている。ただし、チャーミング・ナンシー号は1737年9月18日にフィラデルフィアに着いているので、不明の部分もある。
最初の移住者のハンス・ヤコブ・カウフマン（Hans Jacob Kauffman）の日記を見ると、チャーミング・ナンシー号のオランダからアメリカへの83日間の船旅は子どもがバタバタと死ぬ過酷なものであったことがわかる。

1737年6月28日　ロッテルダムでゼルブリンが死亡し葬る。
1737年6月29日　ロッテルダムを出発。
1737年7月7日　早朝にハンス・ジマーマンの義理の息子が死亡。
1737年7月8日　船は英国に上陸。英国滞在中の9日間に5人の子どもが死亡。
1737年7月17日　船は出発。
1737年7月21日　息子のリスベトリが死亡。
数日前にはマイケルの息子のジオグリが死亡。
1737年8月1日　息子のハンズリが死亡。8月7日までさらに3人の子どもが死亡。
1737年8月8日　友人の2人の子どもがそれぞれ死亡。
1737年8月19日　別の友人の子どもが死亡。

１７３７年８月28日　友人の妻が死亡。
１７３７年９月18日　船はフィラデルフィアに着く。
１７３７年９月19日　妻と一緒に下船する。
１７３７年９月20日　妻は出産するが、死産。

ロッテルダムで船に乗ると、船中はすし詰め状態であった。悪臭が漂い、赤痢や壊血病が蔓延していた。劣悪な衛生状態で人間関係も悪くなり、喧嘩が絶えなかった。長い航海の後、やっとフィラデルフィアに着くと、船賃を払える者は解放されたが、払えない者は船内に留め置かれた。労働の競りにかけられ、年季奉公の勤め先が見つかると、船から解放された。

初期のアーミッシュは、バークス（Berks）郡、チェスター（Chester）郡、ランカスター（Lancaster）郡に居住地を構えた。最初の入植は１７３８年で、地域はランカスター郡ではなくバークス郡であった。ランカスター郡にはすでにメノナイトが住んでいる地域が多かったため、バークス郡を選んで入植したことも考えられるが、バークス郡では１７３７年に白人の入植が可能になっていたことも大きい理由である。バークス郡に１５０から２００家族のアーミッシュがいたが、その年に数家族がランカスターに移住した。その後、ランカスターに移住するアーミッシュが増えた。１７６７年にはペンシルヴァニア州の南西部のサマーセット（Somerset）郡への入植が始まった。１７９１年には、サマーセットよりランカスターに近いミフリン（Mifflin）郡でのアーミッシュの

ペンシルヴァニア州の初期のアーミッシュの居住地

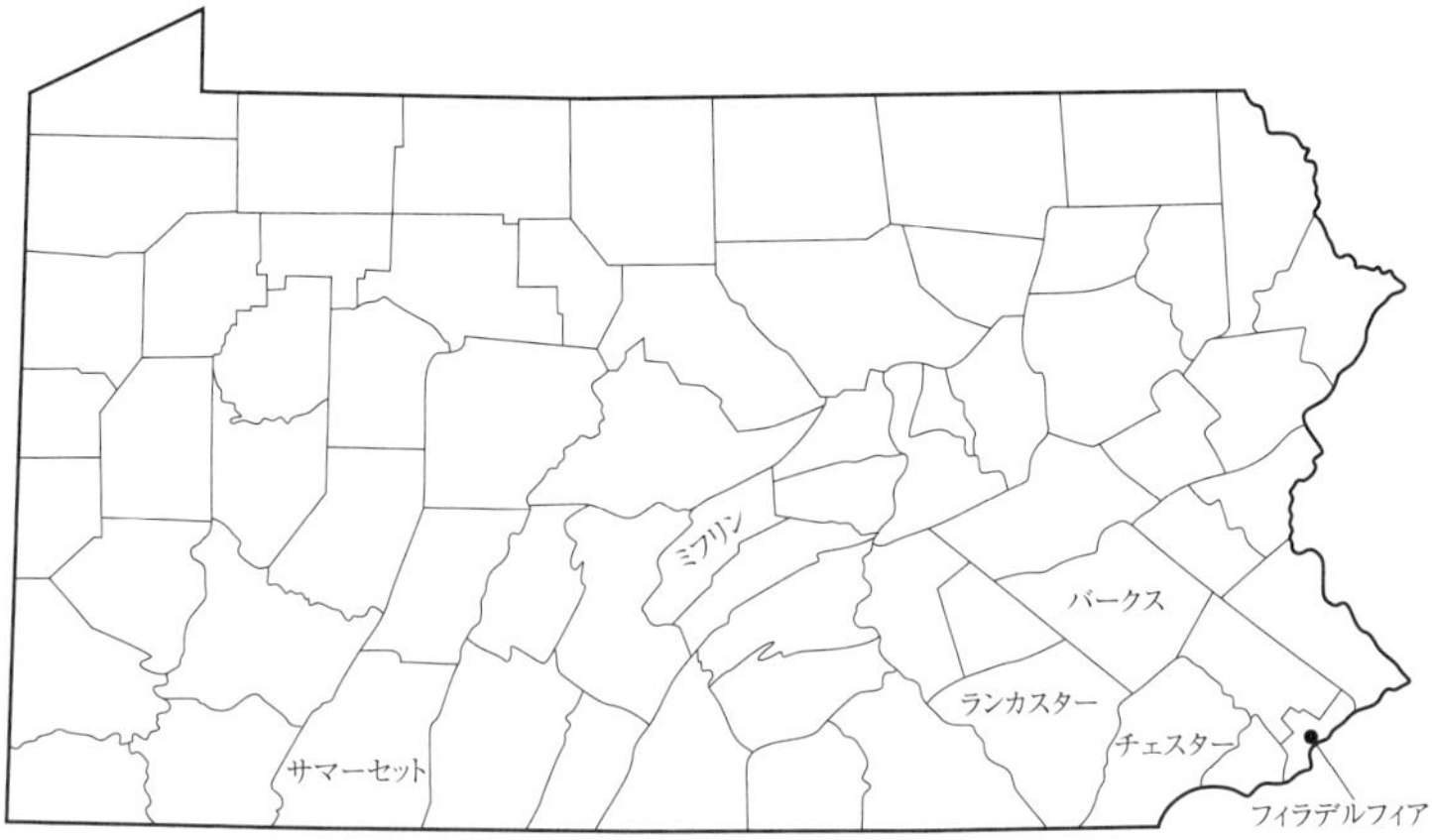

入植も始まった。18世紀の終わりにはバークス郡にはアーミッシュはいなくなっている。[7]

アーミッシュの多くは、小作人で経済的に決して豊かとは言えなかった。そのような中でも、ヨーロッパでの財産の処分の金を蓄えて新大陸移住後、土地を購入する者もいた。スコットランド系アメリカ人をはじめとする他の白人の入植者が西部へと移住するにつれ、アーミッシュもその流れに乗って西部へと移住をしたが、次章で解説する1757年のホクステトラー事件を教訓として白人の未開地の入植の先導を切るようなことはなかった。

1800年までのアーミッシュの入植の特色として、アーミッシュの教会の組織化の未整備が挙げられる。[8] アーミッシュの未開地の入植は教役者の監督に導かれて一つのコミュニティとして入植したわけでなく、個々の家族が何世帯か集まって入植している。このため、一人の監督がいくつも未開地の入植地を担当することになり、巡回していた。その業務は、結婚の祭式や洗礼などに限られてしまう。監督を中心とした宗教的コミュニティの実態がなかったため、アーミッシュにならない子どもが多かった。特に、独立革命前の場合、一家族の子どもたち全員がアーミッシュの洗礼を受ける例はなく、多くの家は数人の子どもがアーミッシュになる、中には全員の子どもがアーミッシュにならなかったという事例もあった。

(4) 第一波アーミッシュの特色

第一波のアーミッシュの入植の特色として、入植当初はアーミッシュの教会の組織化が未整備であったが、後に整備されていったことにある。未整備にならざるをえなかった理由として、アメリカに移住するアーミッシュの中に、そもそも監督（bishop）と呼ばれる教区の最高責任者の教役者がほとんどいなかったことがある。

1749年にアメリカに着いたジェイコブ・ハーツラー（Jacob Hertzler）が、渡米した最初の監督であると言われている。アーミッシュの最初の移住の1738年から10年間は監督不在であったことになる。ジェイコブ・ハーツラーは、バークス郡のノースキルに居住し、比較的高齢であったようであるが、馬に乗らず徒歩でその地域のアーミッシュをまとめていた。このことから、監督の管理の及ぶ範囲が、ペンシルヴァニア州のバークス郡の中のノースキルと呼ばれる場所の徒歩圏という限定された地域であることがわかる。それ以外のアーミッシュの居住地域は監督不在であった。

ペンシルヴァニアの東部はすでにメノナイトをはじめとする他の移民のグループが定住していたため、アーミッシュは未開地に入植せざるをえなかった。入植形態も、教区の組織的なものではなく、パラパラと幾つかのアーミッシュの家族が点在するような形であった。後に教役者の数が増えてもアーミッシュの世帯が広大な地域に広がっているため、常駐の教役者は望めなかった。教役者の監督は巡回して司式を行い、教区としての管理や監督が徹底せず、そこに住んでいるアーミッシュの家族に判断を委ねられることが多かった。しかし、アーミッシュの人口も増え教区が明確になり、監督の支配も徹底されると、アーミッシュの教義に沿って教区の生活が本来のアーミッシュの厳格さを求められるようになっていった。

3 むすび

アメリカの初期の英国植民地は、北東部のニューイングランド、ペンシルヴァニアに代表される中部、南部のヴァージニアなどからなっていた。ニューイングランドは神権政治のコミュニティ、ヴァージニアはタバコ栽培による経済的繁栄、ペンシルヴァニアは宗教的迫害からの避難を目的に入植が進められた。再洗礼派ということで厳しい迫害を受けていたアーミッシュにとって、ペンシルヴァニアは信教の自由の新天地となった。

Column　アムトラック

アーミッシュを扱った映画に、１９８５年の『刑事ジョン・ブック　目撃者』がある。アーミッシュの5、6歳の少年が母親とアムトラックという電車で旅行中にフィラデルフィア駅のトイレで殺人事件を目撃し、事件に巻き込まれていくというストーリーである。舞台のほとんどは、ペンシルヴァニア州ランカスター郡のアーミッシュの居住区で、家は実際のアーミッシュの家をこっそりと借りたこともあり、アーミッシュの生活様式が丁寧に描かれていた。また、ハリソン・フォード扮するジョン・ブックとケリー・マクギリス扮する少年の母親のアーミッシュ女性とのロマンスもあり、よくできている映画である。

２０１７年9月にペンシルヴァニア州のミフリン（Mifflin）郡のキシャコキラヴァリー（Kishacoquillas Valley）を訪ねた時、私も全米を走る電車、アムトラックを利用した。私が乗ったのはニューヨークからピッツバーグまでを走るアムトラックで、映画の舞台になったランカスター駅、キシャコキラヴァリーに近いルイスタウン（Louistown）駅があり、アーミッシュ巡りには便利なルートである。キシャコキラヴァリーでのアーミッシュの調査が終わって、ルイスタウンの駅からアムトラックに乗ろうとしたところ、そのアムトラックから降りるアーミッシュの夫婦がいた。キシャコキラヴァリーのアーミッシュは、アムトラックを使ってオハ

アムトラックから降りてきたアーミッシュの夫婦

イオ州のアーミッシュと行き来きしている。この夫婦もオハイオ州の親戚を訪ねての帰りかもしれない。

ルイスタウンは、ペンシルヴァニア州の中心に位置することから18世紀後半は交通の要衝であった。現在では、流出人口が多く過疎化が進んでいる。駅の利用者も減り、アムトラックは上り下りそれぞれが1日1本しかない。アーミッシュの人口は増えているのであるが、アーミッシュは通勤などにアムトラックを使わないので、駅のさびれようは防ぎようがない。

そのようななか、ルイスタウン駅を廃駅にする案が浮上した。馬車で行ける距離にあるルイスタウン駅がなくなると、アーミッシュはアムトラックを利用できなくなる。オハイオ州やインディアナ州の親戚を訪ねることができなくなる。

前副大統領のジョー・バイデン（Joe Biden）は、アムトラック・ジョー（Amtrak Joe）と呼ばれるほどアムトラックを利用していることで有名である。上院議員時代の36年間、自宅のあるデラウェア州のウィルミントンからワシントン市まで90分かけて通勤していた。２０１１年には、ジョー・バイデンの長年にわたるご贔屓に敬意を表して、ウィルミントン駅はジョー・バイデン駅（Joseph R. Biden Jr. Railroad Station）に改名された。

ルイスタウン廃駅案が広まると、アーミッシュは、ルイスタウンの有力者に相談した。その有力者の息子がジョー・バイデンの事務所に勤務していたことから、アーミッシュの廃駅反対の声はジョー・バイデンの耳に届くことになった。ルイスタウン駅は残されることになった。

注

(1) 斎藤（1997：67-70）.
(2) 中野（1992：64-66）.
(3) Bellah (1992 : 13-15).
(4) Lapp (1991 : 8-27).
(5) ノートン（1996：79）.

(6) Hostetler (1993：11).

(7) Hostetler (1993：63), Donnermeyer & Luthy (2013：121), Yoder (1991：249).

(8) Yoder (1991：25).

第5章　アメリカの建国に向けて

1　フレンチ・インディアン戦争

17世紀から18世紀のヨーロッパにおける英国とフランスの覇権争いは北米でも英国植民地とフランス植民地のいくつもの戦争に発展した。その中の一つのフレンチ・インディアン戦争（1755年～1763年）は、アーミッシュが入植していたペンシルヴァニアの辺境が戦場となった。

2　スコットランド系アイルランド人

イングランド系でなく広義の英国系白人のアメリカ移民の顕著な集団にスコットランド系アイルランド人がある。17世紀頃に現在の北アイルランドとその境界にあるアイルランド共和国の一部からなるアルスター（Ulster）からアメリカに移民し、その数は20万から25万人前後である。アルスターは、もともとはゲール人がいたところであるが、17世紀の初めに度重なる戦禍を逃れてヨーロッパ大陸に移住する者が多く、農地は荒廃していた。スコットランド国王のジェームズ6世がジェームズ1世としてイングランド国王も兼ねて即位するにあたり、荒廃したアルスターの農地の再生のために植民化政策（Plantation of Ulster）を打ち立て、スコットランド、イングランド北部からプロテスタントの入植を促進した。アイルランド人と言っても、スコットランド人である。

このスコットランド系アイルランド人は、アイルランドからの移民であっても、１８４５年から55年にかけて10年間に１５０万人が移民したアイルランド系アメリカ人とは異なる。アイルランド系アメリカ人は、１８４５年から49年、じゃがいも飢饉と呼ばれる主食のじゃがいもが疫病により不作となり餓死寸前になったために渡米した。ボストンをはじめとする大西洋岸の都市部に居住したが、貧困であったため、差別されることも多かった。宗教はカトリック系である。苗字も、「息子」という意味の接頭辞の「O'」で始まるO'BrienやO'Connorなどが多い。

スコットランド系アイルランド人は、宗教はプロテスタントのプレスビテリアン派である。スコットランド系アイルランド人という名が示すように、スコットランドからアイルランドのアルスターに移民して小作に従事している者が多かった。苗字は、「息子」という意味の接頭辞の「Mc」で始まるMcCainやMcArthurなどが多い。アルスター地方も英国国教会が主流教派となりプレスビテリアン派は国教徒ではないとして法律上で差別されるようになった。また、信教の自由だけでなく、土地所有を夢見て、アメリカのフィラデルフィアに渡る者が多かった。

フィラデルフィアをはじめとするアメリカの沿岸部はイングランド系が占めており、また、土地の価格も高くなっていた。そこで、多くのスコットランド系アイルランド人は、西と南へ移動し、ペンシルヴァニア、メリーランド、ヴァージニア、ノースカロライナ、サウスカロライナとアパラチア山脈の麓につたって広がっていた。アパラチア山脈の未開の地に居住する者も多く、外部との交流も限られ、山間の田舎者のような意味のヒルビリー（Hillbilly）と呼ばれることが多い。話す英語もヒルビリー英語（Hillbilly English）、アパラチアン英語（Appalachian English）と呼ばれ、外部の者との接触が少なくアメリカ東部沿岸の英語の変化が浸透せず、16世紀の英国のシェイクスピア時代の名残や入植時代の18世紀のアメリカ開拓時代の名残がある。辺境の地に入植したスコットランド系アイルランド人は、先住民との摩擦の矢面に立った。第1次、第2次世界大戦時の英国陸軍で、最前線にはスコットランド、カナダ、オーストラリアの軍隊が配置され、イングランド軍は後方にいたことを彷彿とさせる配置が、アメリカの入植時代にも見られていたことになる。

3　先住民の襲撃

ペンシルヴァニアでは、１７５５年までは先住民とは比較的良好な関係にあった。しかし、フレンチ・インディアン戦争が始まると、イングランド系の住民から防衛への要求が高まり、辺境のアパラチア山脈のブルー・マウンテンに一連の砦が築かれるようになった。先住民との間の摩擦は増加していった。

先住民の襲撃を受けたのは、イングランド系ではなくスコットランド系アイルランド人であったのと同様に、アーミッシュも、アメリカに渡った時、先発のメノナイトが住んでいない土地を求めていると奥地の土地しかなかった。ホクステトラー一家虐殺事件と呼ばれる先住民の襲撃を受ける事件が起きてから、アーミッシュが襲撃を受けた事件は少ない。しかし、スコットランド系アイルランド人の場合は、開拓を進めていったので、被害は大きかった。

(1) ホクステトラー一家虐殺事件(1)（1757年）

第4章のアーミッシュの乗船名簿で名前のあったジェイコブ・ホクステトラーは、妻と子どもを連れて、アルザス地方を起点に1737年か1738年にフィラデルフィアに来た。その後、ホクステトラー一家は、バークス郡のブルー・マウンテンの麓のノースキル（Northkill）に小屋を建てて住んでいた。一家は、父親のジェイコブと母親、娘が一人と、ジェイコブ、クリスチャン、ジョセフの3人の息子がいた。この地域は、1755年以降は、フレンチ・インディアン戦争の戦場となった地域であった。

1757年9月19日の夜、飼っていた犬がけたたましく吠えるので、息子のジェイコブはドアを開けた。家の周りはショーニー（Shawnee）族とデラウェア（Delaware）族の先住民が取り囲んでおり、息子のジェイコブは足を撃たれた。3人の息子は狩猟用の銃を取って、先住民を撃とうとした。すると、父親のジェイコブは、新約聖書のマタイによる福音書の5章39節「だれかがあなたの右の頬を打つなら、左の頬をも向けなさい」のイエス・キリストのことばを引用して、制止した。

一家は、地下の貯蔵庫に隠れた。先住民がホクステトラーの小屋に火をつけたので、一家は貯蔵庫から外に出ようとした。そこで、先住民に捕まってしまった。先住民は、息子のジェイコブと娘をトマホークと呼ばれる鉞《まさかり》で一撃を与え、頭皮を剥がした。母親は、心臓を大なたで突き刺され、頭皮も剥がされた。母親は、以前にデラウェア族が食べ物を求めて小屋に来た時、つっけんどんに追い返したことがあった。デラウェア族の恨みをかっていたことが、母親が残忍な殺され方をした理由だと考えられている。先住民にとって、銃やトマホークで殺されるのは「名誉ある死」で、それ以外の方法で殺されるのは、「不名誉な死」と見なされていた。

先住民は、父親のジェイコブと息子のクリスチャンとジョセフを捕虜にして、フランス軍の砦のあるエリー湖岸のプレスケアイル（Presque Isle）まで行進した。先住民は捕虜を村に連行すると、2列に並んだ先住民の列の間を歩かせ、殴られながら列の最終まで歩かせた。最後まで行くとその先には捕虜の収容所のようなところがありそこに入るが、たどり着けず倒れる捕虜もいた。ホクステトラー一家の捕虜3人の場合は、父親のジェイコブが、隠し持っていた桃を酋長に差し出したので、先住民の2列の間の歩行は免れることができた。しかし、3人の捕虜は別々にされた。

アーミッシュの既婚男性はあごひげを生やしていたが、先住民にはそのような習慣はなかったので、ジェイコブの髭は引き抜かれた。また、頭髪も先住民のヘアスタイルと同様にするためにそのほとんどを抜かれた。

デラウェア族は、最初は、ホクステトラー家の3人の捕虜を連れて、エリー湖岸のプレスケアイルに移った。次はデトロイトに行き、村から村へと移動した。先住民は、捕虜に一定の儀式を施し、捕虜は先住民になった。クリスチャンは、高齢の先住民の養子となった。狩りで食料調達の役割があったので、逃亡を試みなかった。高齢の先住民の養親が死ぬと、クリスチャンはデラウェア族の若者の養子となった。狩りに出る時、銃と弾を与えられたが、帰宅後、弾丸の数も記録された。

1758年の春、父親のジェイコブは見張りの隙を突いて逃亡した。15日間かけて筏《いかだ》や徒歩で英国の砦のあるノーサンブランド（Northumberland）郡のシャモキン（Shamokin）までたどり着いた。飢えに苦しみながら、フクロネズミの死体に群がったウジ虫を食べることもあった。ジェイコブは、英国軍のヘンリー・ブーケー（Henry Bouquet）司令官に尋問された後、バークス郡に戻ることを許された。クリスチャンとジョセフは、その後の4年間捕虜のままだった。ジェイコブは、ペンシルヴァニアの副総督に嘆願した。クリスチャンとジョセフは、1763年の講和条件の捕虜交換で戻って来た。

ホクステトラー事件は、アーミッシュやメノナイトに大きな衝撃を与えた。この事件以降、先住民の襲撃を受けやすいバークス郡は危険だとして、バークス郡の土地やわずかな財産を放棄して、他の地域に移るアーミッシュが増えてきた。アーミッシュは、これ以降、未開の地の入植については、他のヨーロッパ人の入植とそれに対する先住民の摩擦と襲撃の減少を見極めてから入植することになり、決して先陣を切って入植をするようなことはなかった。

ホクステトラー一家虐殺事件は、アーミッシュの平和主義の無抵抗が招いた悲劇として、アーミッシュやメノナイトの社会で語り継がれている有名な事件である。

(2) マックニット家事件

① マックニット家

マックニット（McKnitt）家の歴史からスコットランド系アイルランド人の移民の歴史を垣間見る。マックニット家は、もともとはマックノーテン（Macnaghten）という名前でスコットランドのアーガイル（Argyle）地方の氏族であった。英国国教ではなくプレスビテリアン派であったことから、信教の自由とスコットランド人への土地の優遇政策により、アイルランドのアルスターのドニゴール（Donegal）に移った。1722年に、アレクサンダーとジーンが、ロバート、マーガレット、ジーンの3人の子どもを連れてフィラデルフィアに着いた。ロバートは、ジャコバイト（Jacobite）であった。ジャコバイトは、英国の名誉革命（1688～89年）で王位から追放されたジェームズ2世とその直系男子を正統な英国王とし、その復権を支持した勢力を指す。

ペンシルヴァニアでは、アルスター出身のスコットランド系アイルランド人が築いたばかりのドニゴールという町に住んだ。ドニゴールは、ランカスターとエリザベスタウンの間にある。ロバートは、ジャコバイトの一連の反乱の中で、1722年のアタベリ陰謀事件でジャコバイト狩りの対象となり、首には賞金がかけられ、国外逃亡でアメリカに来たと伝えられている。

ロバートは、1755年にミフリン郡のアルマー（Armagh）に住みだした。ロバートには5人の息子がおり、アレクサンダー、ウィリアム、ジョン、ロバート、ジェームズだった。ロバートは1765年に亡くなった。アレクサンダーとウィリアムは1770年に、ジョンとロバートは1772年、ジェームズは1775年にアルマーのキシャコキラ（Kishacoquillas）渓谷に土地を取得した。5人の息子は、フレンチ・インディアン戦争では英国、独立戦争では英国ではなくアメリカ植民地側について戦った。その功績により、ウィリアム・ペンよりミルロイ（Milroy）付近のキシャコキラ渓谷で土地を与えられたのである。

4人の子どもは、その後もキシャコキラ渓谷に住み続けた。アレクサンダーの息子のロバートは4年間先住民の捕虜（マックニット捕虜事件）になり、ジェームズは1776年にキシャコキラの土地を売ってケンタッキーに移り先住民に襲われ死んだ。この先住民の襲撃は、マックニット大虐殺（McNitt Massacre）、敗北のキャンプ（Defeated Camp）として知られ、碑まである。

② マックニット捕虜事件[2]（1777年）

1777年、アレクサンダー・マックニットの息子の8歳のロバートと女の子たちはライ麦畑に出ていちごを摘んでいた。突如、先住民の発砲があり、銃弾の一つがロバートの帽子を貫通した。2人は家をめがけて走った。先住民がロバートを捕まえ、女の子は木のむろに隠れたが、リーという女の子は捕まった。ロバートとリーはカナダに連行され、先住民の家族の養子にさせられた。リーの父親は、娘を捜しにカナダまで行き、2人を見つけたのは4年後であった。リーは父親にロバートも一緒に連れて行ってくれと頼んだ。父親は、リーとロバートを連れ出すのに成功した。そして、先住民の捕虜となったマックニットという名前の子どもを預かっていると村の内外で話した。ロバート・マックニットの父親のアレクサンダーは、この情報を得るや否や馬に乗ってリーのところまで行った。ロバートはアレクサンダーが父親であることはすぐにはわからなかったが、アレクサンダーはロバートを連れ帰った。ロバートは4年にわたる捕虜生活で、弓と矢の使い方を学び、鶏やアヒルを撃つことが好きで、先住民の文化に馴染んでいた。後に、マックニット家と同時期に入植したスコットランド系アイルランド人の娘と結婚した。

③マックニット大虐殺事件[3]（1786年）

ロバート・マックニットの息子のジェームズは、キシャコキラ渓谷を去ってヴァージニアに行った。そこで、人を募って27人でアパラチア山脈を越えてオハイオ川を目指していた。ケンタッキーのローレル（Laurel）郡で1786年10月3日の夜、ショーニー（Shawnee）族とチカマウグア（Chickamaugua）族に襲われた。一行はこれまで順調にきていたので、油断をして見張りを立てなかった。その隙をねらって先住民が襲ってきたのである。マックニット一行27人のうち、24人が殺

出身国籍と宗教的背景　1790年

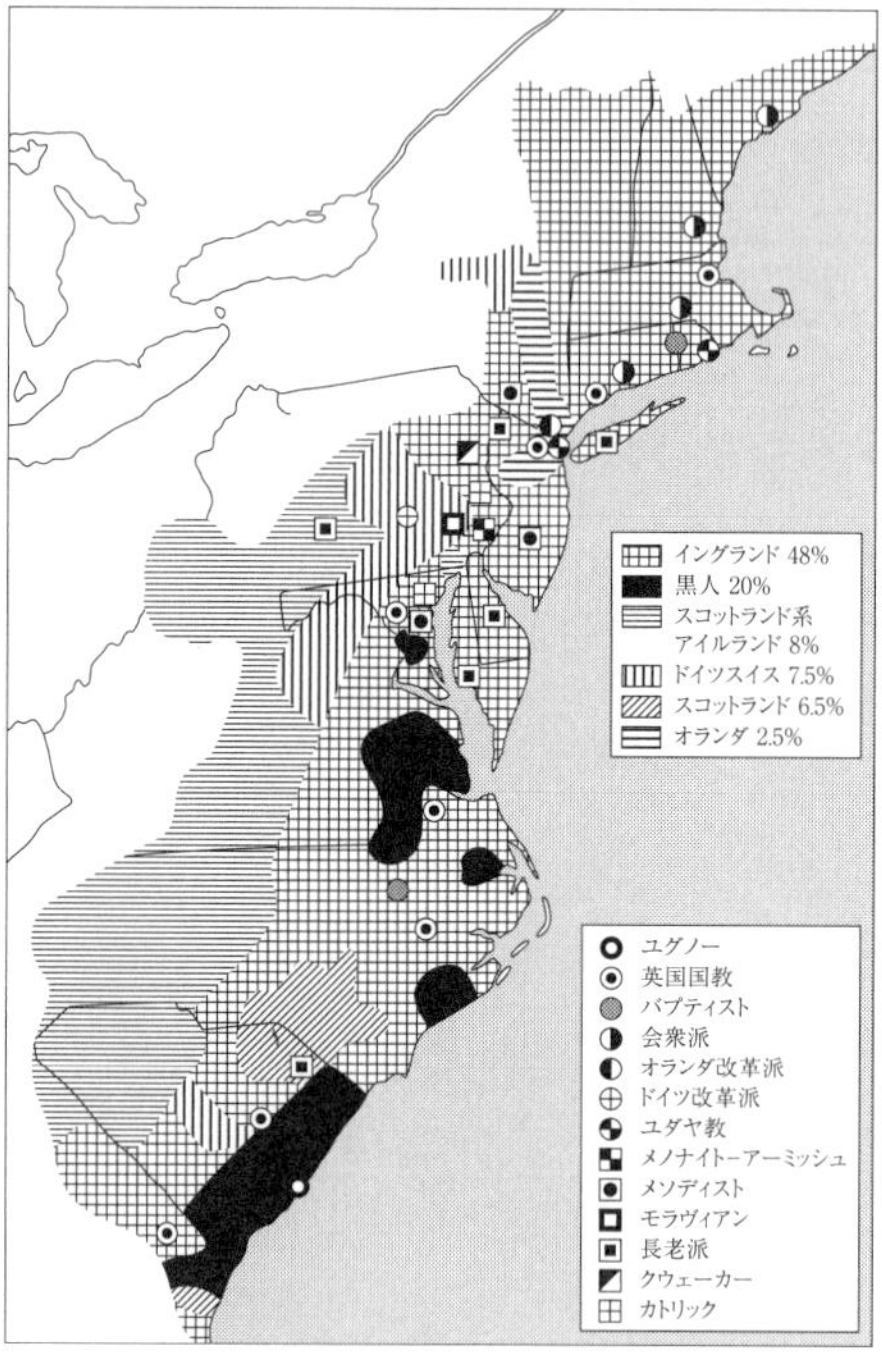

（Gilbert（1985:30）のNational Origins and Religious Groupsを基に作成）

害され、男性、女性、少女の3人が生き残った。ポリー・フォードという8歳の娘は捕えられ、マイアミ（Miami）族のリトル・タトル（Little Turtle）と呼ばれる酋長に売られ、2人の間には息子が生まれ、インディアン・ジャック（Indian Jack）と呼ばれた。[4]

ポリーは17年後にリトル・タトルから逃げ出して、故郷に戻り再婚している。マックニット大虐殺事件は、ケンタッキー最大のインディアンによる白人大虐殺として知られている。

アーミッシュのホクステト

ラー一家の襲撃事件、マクニット家の捕虜や虐殺事件、いずれにしても、メノナイトや英国系に安全な地域を占有され辺境に居住せざるをえなかった後発のグループの悲劇の犠牲者であると言える。

4　アーミッシュの独立戦争

アーミッシュは、平和主義なので、独立戦争の一方について積極的に戦うということはしなかった。しかし、植民地側からはアーミッシュは英国についているので植民地を支持しない、すなわち裏切り者のように見られた。

(1) 裏切者の烙印[5]

１７７９年、バークス郡のアーミッシュのイザック・カフマン（Isaac Kauffman）は、植民地軍から馬を供出するように命令された。カフマンは、「あんたらは反乱軍だ。そんな反乱軍に馬はやらん」と言った。カフマンは裁判にかけられ反逆罪に問われ、土地の半分の没収と独立革命が終わるまで刑務所に入れられた。

(2) 改宗者の増加

ペンシルヴァニアへの移民の後発組であるアーミッシュは、ドイツ改革派、ユグノー教徒、特にダンカードと呼ばれるスイス系再洗礼派のグループの周りに住むことが多かった。その結果、アーミッシュの子どもがアーミッシュの洗礼を受けずに、ダンカードやスイス兄弟系の教会に行くことがよくあった。

メソジストの復興運動がペンシルヴァニアを席巻すると、それに積極的に関わって指導者になるアーミッシュの若者も出てきた。メソジストは、18世紀にイングランドで起きたキリスト教の信仰運動で、開拓時代のアメリカにも広まった。メソジストの復興運動は独立革命の推進力の一つともなったので、独立革命が始まるとアーミッシュの若者の中のアーミッシュ離れは加速度的に進んだ。アーミッシュの家族で全員がアーミッシュをやめる、アーミッシュにならない場合も出てくるほどであった。多くの子どもがいるのに一人の子どもしかアーミッシュにならない家族は珍しいことではなかった。

(3) 反戦の姿勢

アーミッシュもメノナイトも、再洗礼派の教義である反戦主義により戦闘参加を拒否していたが、アメリカの植民地側の者からは、英国の信奉者として見られていた。アーミッシュは戦時税を払っていたが、国家への忠誠を誓うことを拒否したので、陪審員、土地の売買、訴訟、公職に就く資格を剥奪された。アーミッシュ、メノナイト、クウェーカーの国家への忠誠拒否は、宗教的理由もあるが、すでに英国王に忠誠を誓っているので、植民地政府に忠誠を誓うことはできないという理由もあった。その結果、反逆罪で投獄されるアーミッシュもいた。

5　むすび

アメリカに渡ったアーミッシュは、海岸に近い開けた地域はメノナイトなどが住んでいたので、居住地を求めて奥地に行った。スコットランド系アイルランド人もアメリカに来てから、海岸に近い開けた地域はイングランド系に占められていたので、奥地に土地を求めた。奥地の土地は、先住民との軋轢の多い地域であった。このため、先住民の襲撃に遭うことがあった。アーミッシュは、スコットランド系アイルランド人と違って、ホクステトラー一家虐殺事件以降は慎重になったので、被害件数は少なかった。開拓を推し進めていたスコットランド系アイルランド人は先住民の襲撃の対象となった。いずれにしても、辺境に住まざるをえなかったアーミッシュやスコットランド系アイルランド人も先住民の襲撃を受けやすい状況にあった。

注

(1)　*The Descendants of Jacob Hochstetler*, pp.29-51.

(2)　Ellis (1886).

(3) Defeated Camp Burial Ground, http://cache.yahoofs.jp/search/cache?c=aurI2OTiyMwJ&p=mcnitt+company+kentucky&u=https%3A%2F%2Fwww.findagrave.com%2Fcgi-bin%2Ffg.cgi%3Fpage%3Dcr%26CRid%3D2246800
Levi Jackson Wilderness Road State Park, http://cache.yahoofs.jp/search/cache?c=0HkH9YPxjFcJ&p=defeated+camp&u=https%3A%2F%2Fen.wikipedia.org%2Fwiki%2F　Levi_Jackson_Wilderness_Road_State_Park, History-Levi Jackson, http://cache.yahoofs.jp/search/cache?c=wpt7BP7YnhoJ&p=defeated+camp&u=parks.ky.gov%2Fparks%2Frecreationparks%2Flevi-jackson%2Fhistory.aspx　閲覧日：２０１７年11月３日

(4) Mary "Polly" Ford, http://cache.yahoofs.jp/search/cache?c=-xEiA3y5O5wJ&p=McNitt+Company+indian&u=https%3A%2F%2Fwww.findagrave.com%2Fcgi-bin%2Ffg.cgi%3Fpage%3Dgr%26GRid%3D126120203、閲覧日：２０１７年11月３日

(5) Nolt (2015 : 92-93).

第6章 アメリカに来たアーミッシュとヨーロッパに残ったアーミッシュ（19世紀）

1 19世紀のアーミッシュ

19世紀になると、アーミッシュは大きな変化に見舞われることになる。独立革命は、アーミッシュに英国につくのか、植民地政府につくのかを迫った。アーミッシュは可能な限り平和主義を貫いたが、植民地政府からは非国民として捉えられた。それ以外にも、アメリカのキリスト教界を揺るがした復興運動（revivalism）は、多くのアーミッシュの若者をアーミッシュ社会から離れさせることになった。アメリカという国家が形成の激動の中にあるなか、アーミッシュも変革を迫られたのである。

2 第二波のアーミッシュのアメリカ移住

(1) ヨーロッパの出身地域とアメリカの移住先

第二波のアーミッシュは、1816年から1860年までに移民したグループで、およそ3000名である。1789年のフランス革命に始まるフランスの政治的混乱、それに続くナポレオン時代の戦争がヨーロッパでは1815年まで続いた。戦場となった中欧のアーミッシュは、アメリカに平和と安定を求めた。アメリカに渡ってからは、その多くは、ペンシルヴァニア州の西隣のオハイオ州、インディアナ州、北側のニューヨーク州、カナダのオンタリオ州などのこれまでアーミッシュが住んでいない地に居住地を構えた。

第二波のアーミッシュのヨーロッパの出身地域は、アルザス、ロレーヌ（Lorraine）、バヴァリア（Bavaria）、バァルデック（Waldeck）、ヘッセン・ダルムシュタット（Hessen-Darmstadt）、パラティネト（Palatinate）地方である。アメリカではオハイオ州のバトラー（Butler）郡、スターク（Stark）郡、ウェイン（Wayne）郡、フルトン（Fulton）郡、インディアナ州のアダムズ（Adams）郡、アレン（Allen）郡、デーヴィス（Daviess）郡、イリノイ州のウッドフォード（Woodford）郡、タズウェル（Tazewell）郡、アイオワ州のヘンリー（Henry）郡、ワシントン（Washington）郡、そし

第二波のアーミッシュ移民によって構築された居住地域

州	郡	設立年
オハイオ州	バトラー（Butler）郡	1819年
オハイオ州	スターク（Stark）郡	1823年
オンタリオ州（カナダ）	ウォータールー（Waterloo）郡	1824年
ニューヨーク州	ルイス（Lewis）郡	1831年
オハイオ州	フルトン（Fulton）郡	1834年
インディアナ州	アレン（Allen）郡 アダムズ（Adams）郡	1840年代

てニューヨーク州のルイス（Lewis）郡、メリーランド州のサマーセット（Somerset）郡、さらにカナダのオンタリオ州のウォータールー（Waterloo）郡とパース（Perth）郡に移住した。第二波のアーミッシュは、アメリカに到着後、ペンシルヴァニアに留まらず西部へ、北部へと広がっていた。

どのようにして居住区を築いていたかについてオハイオ州バトラー郡の例で見てみる。[1] 現在のドイツのヘッセン（Hessen）に住んでいたアーミッシュのクリスチャン・アウグズパージャー（Christian Augspurgers）は、アメリカへの移住を決め、１８１７年にオハイオ州のバトラー郡に土地を探しにやって来て、目星をつけた。ヘッセンに戻って、移住するアーミッシュを募った。それらのアーミッシュと共に、１８１９年にバトラー郡に再び行き、アーミッシュの居住地を作った。このようにヨーロッパで人を募ってアメリカに移住するパターンは、これまでアメリカの植民地で見られていたことである。アーミッシュもヨーロッパ人なので同様のことをしていた。

居住地を決めるにあたって北米大陸を行き来した例もある。パラ

19世紀初期のヨーロッパ

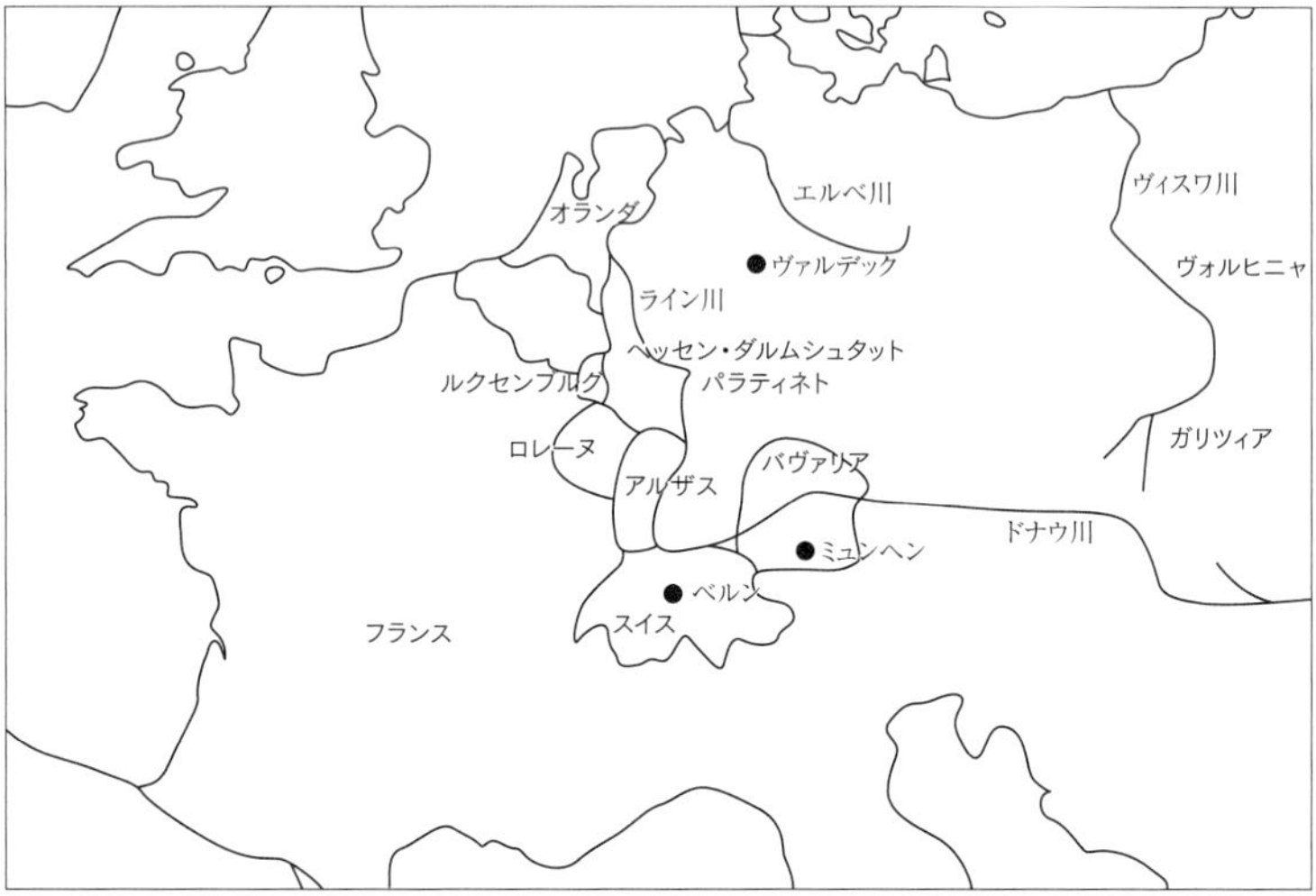

ティネト地方のアーミッシュのクリスチャン・ネフツィガー（Christian Nafziger）は、新大陸で住む土地を探しに、同郷のアーミッシュと共に1822年にルイジアナ州のニューオリンズ港に着いた。ネフツィガーは、ニューオーリンズからペンシルヴァニア州のランカスター郡まで2000キロ近くを徒歩で行き、そこでカナダに広大な土地があることを聞いた。ランカスター郡から500キロ離れたカナダのオンタリオ州のウォータールー郡まで行って、土地の取得の交渉をし、目途をつけた。それから、パラティネト地方の仲間のアーミッシュを募るためにヨーロッパに戻ることにした。パラティネトへの帰路の途中に英国に立ち寄った。国王ジョージ4世からカナダの土地の取得の許可が下り、土地取得の取引が成立した。1824年にはウォータールー郡にヨーロッパからのアー

第二波アーミッシュのアメリカ移住先

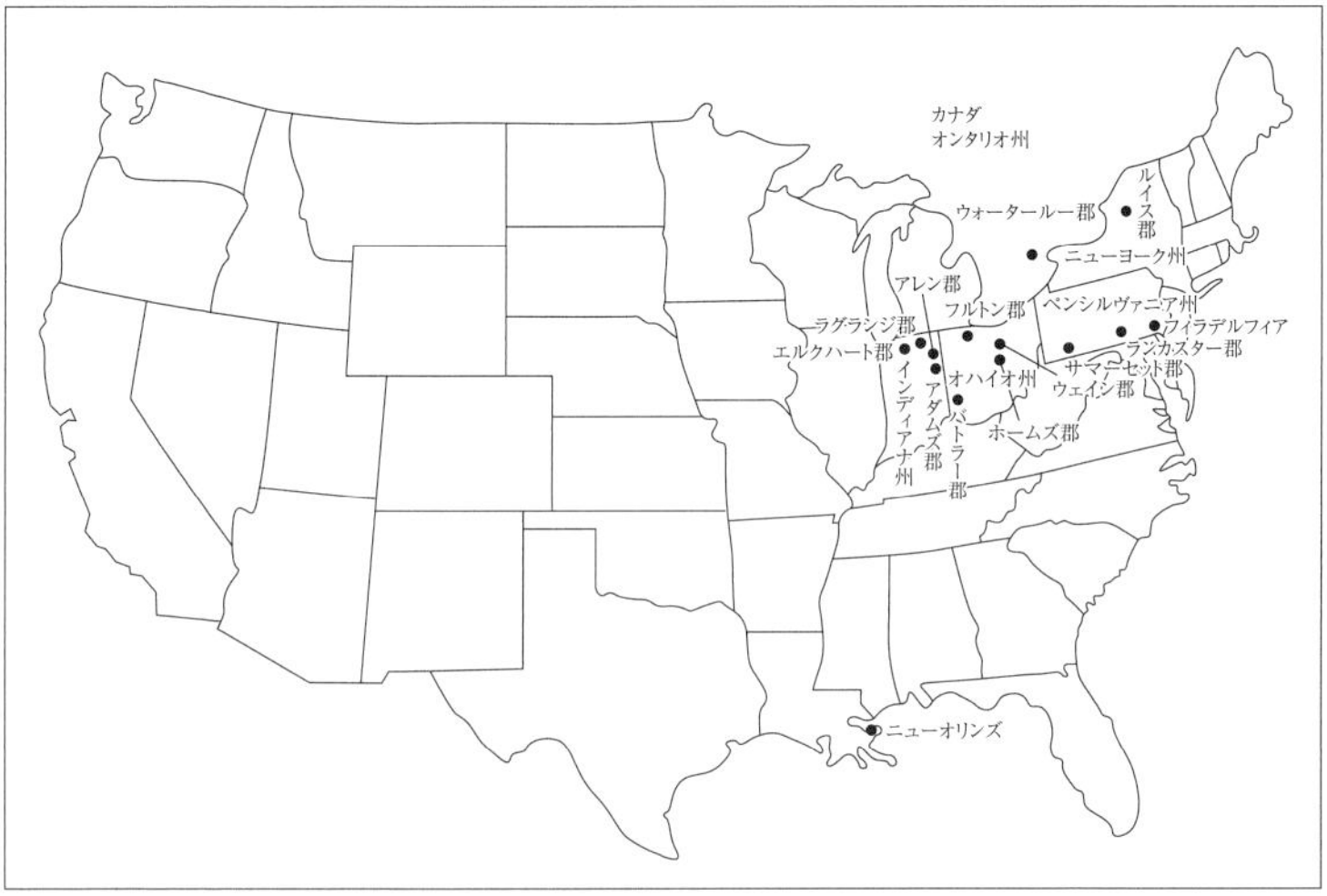

ミッシュの移民が始まり、１８３７年には隣接するパース郡にも広がり、ペンシルヴァニア州のアーミッシュも加わるようになった。現在、９教区があり、カナダで最大のアーミッシュの居住地である。

数は多くないが、ペンシルヴァニア州のランカスター郡やサマーセット郡の第一波のアーミッシュの居住地の中に居住する第二派のアーミッシュもいた。また、アメリカ生まれのランカスター郡やサマーセット郡のアーミッシュと一緒に新天地であるアイオワ州やミズリー州で新しいアーミッシュの居住区を作る場合もあった。このようなヨーロッパ生まれのアーミッシュとアメリカ生まれのアーミッシュの共同居住区の設立ではなく、双方が別々に居住区を構える場合もある。１８０８年にできたオハイオ州のウェイン郡のアーミッシュの居住地域の場合、アメリカ生まれのアーミッシュの居住区の周辺に第二波の新移民のアーミッシュの居住区ができ、両者の棲み分けが明確になされている。

第二波のアーミッシュがアメリカに到着後にペンシルヴァニアを避けるようにして西部へ、北部へと広がっていた一番大きな理由は、第一波のアーミッシュと教義上同じでなくなっていたからである。第一波のアーミッシュの本来の教義を重要視する戒律は、第二波のアーミッシュには厳格すぎたため同じように守ることが困難であった。結局、第二波のアーミッシュの多くは、後にメノナイトに併合されてしまい、現在のアメリカでアーミッシュと呼ばれるグループは、1700年代の移民である第一波のアーミッシュの子孫である。

(2) 第一波と第二波の互助関係

アメリカはヨーロッパからの移民を多く受け入れてきたわけであるが、移民は、アメリカに到着すると自分の民族・宗教的背景が近い集団と接触を持ち、その中で助けてもらうことが一般的であった。その集団内あるいは周りに自分の居場所を見つけることができれば、そこに定住する。居場所がなければ新天地を求めて西へと移動していった。

第二波のアーミッシュの場合も同様にアメリカ到着後、第一波のアーミッシュの助けを受けた。アメリカにたどり着いたものの国内を移動する金銭がないことが多く、近くのアーミッシュの家の手伝いの仕事をさせてもらって旅費を稼いだ。

ジャコビーナ・ネフツィガー（Jacobina Nafzinger）という名のアーミッシュの女性は、アメリカに来る途中の船中で夫を亡くした。6人の子どもと2人の兄弟と一緒にボルチモアに着き、そこからフィラデルフィアに行った。フィラデルフィアのそばのチェスター郡のアーミッシュのクリスチャン・ズーク（Chiristian Zook）は、ジャコビーナの貧窮状態を耳にし、ジャコビーナに会いにわざわざフィラデルフィアまで出向いた。クリスチャン・ズークは、ジャコビーナらを自分の家に連れて帰り、3か月ほど滞在させた。ジャコビーナらは、後にランカスター郡に移り、そこでも子どもの面倒を見てもらうなど世話になった。

1826年にロップ（Ropp）一家がフィラデルフィアに着いた。疲労困憊であったが、チェスター郡のズーク家の人々がいろいろ支援をした。クリスチャン・ロップ（Christian Ropp）は、後にイリノイ州に移った。80歳になった時でも、フィラデルフィア到着の時に受けた同胞のアーミッシュの恩は忘れられないと言っていた。ズーク家のように単独のアーミッシュの家族が新来者の面倒を見ることもあったが、教区として入国時から支援することも多かった。支援を受けたアーミッシュも、立て替えてもらった費用などは2、3年以内に返済していた。アーミッシュの間でも強固な互助体制が整っていた。(2)

(3) 移動に移動を重ねて

19世紀のヨーロッパ人は、新大陸の一カ所に定着するというより、肥沃な土地を求めて移動することを好んだ。同じようにヨーロッパ人であるアーミッシュもアメリカ到着後、移動に移動を重ねていた。インディアナ州のエルクハート郡とラグランジ郡あたりの開拓に貢献したことで知られるイサック・シュマッカー（Issac Schmucker）の例を見てみる。

シュマッカーは、1810年にペンシルヴァニア州のランカスター郡で生まれた。両親に連れられてミフリン郡に住んだ。結婚後は、オハイオ州のウェイン郡やノックス郡に住んだ。1841年からインディアナ州のエルクハート郡やラグランジ郡に住んだ。10年後はイリノイ州の中央部に住んでいたが、健康状態が思わしくなくなり、ラグランジ郡に戻った。

エルクハート郡やラグランジ郡のアーミッシュの居住区は、ペンシルヴァニア州やオハイオ州から移住して来たアーミッシュによって構成された。小さな子どもがいる若い世代が中心で、男性の平均年齢は33歳で、女性の平均年齢は28歳と若かった。経済力もあり、周りのアメリカ人家庭と同レベルであった。

3　ヨーロッパに残ったアーミッシュ(3)

(1) ヨーロッパのアーミッシュ

ヨーロッパに残ったアーミッシュは、20世紀の初めまでに多くはメノナイトに転向した。アルザスとロレーヌ地方にはアーミッシュの子孫であるメノナイトが３０００人いる。
現在では、アーミッシュの教会組織も完全に消滅し、個人の苗字などにアーミッシュの痕跡が見られる程度である。北米に渡ったアーミッシュが人口も増え、独特の生活様式が注目を浴びているのと対照的である。

アーミッシュは、ヨーロッパでは居住地を築くことができなかった。もちろん、アメリカでも開拓期はアーミッシュの家族が明確な居住地を作って住んでいたわけではない。しかし、アメリカは西へ西へと拡大し、新来のヨーロッパ人を受け入れる広大な土地が着実に広がっていった。ピューリタンの移住、クウェーカー教徒の避難所、アメリカには信教の自由への一定の理解があり、広大な国土がそれを支えた。しかし、開拓地を切り開くことができないヨーロッパでは信教の自由が保障されず、再洗礼派への迫害は厳しく不寛容であった。

アーミッシュは、ヨーロッパでは、当初のスイス、アルザス、ドイツから、迫害によりフランス、オランダ、バヴァリア、現在のポーランドとウクライナにまたがるガリツィア（Galicia）、ロシアのヴォルヒニャ（Volhynia）へと広範囲に散らばっていた。このように拡散していると、近隣での礼拝の場所を確保することが難しくなった。礼拝のために遠くまで行かなければならず、移動にかかる時間も大きくなった。その結果、２週間おきや月に一度程度の礼拝の参加が難しくなり、年に一、二度しか参加できないアーミッシュが出てきた。このような状況の中では、遠くに住むアーミッシュより近くに住むアーミッシュでない教派の人との交流が始まり、活発化するようになった。

また、アーミッシュは、地主の小作人となっていることが多く、アーミッシュでない多くの小作人と交流をするようになった。ヨーロッパでは、確固としたアーミッシュの居住区を築いて、アーミッシュが固まって生活することができなかった。加えて、アーミッシュは、布教活動をしないため、生まれてくる子ども以外にアーミッシュの信者の数は増えなかった。

(2) ルイ14世の追放令

アーミッシュは1712年のルイ14世の再洗礼派追放令によりマルキルヒから追放された。アーミッシュの多くは、フランスのモンベリアル（Montbéliard）、アルザスの東のロレーヌ（Lorraine）地域、パラティネト地方のツヴァイブルッケン（Zweibrucken）に逃れた。モンベリアルの領主のレオポルト・エーバーハルト公爵（Leopord-Eberhard）は、アーミッシュに好意的で、宣誓を強制することはなく、墓地や学校もアーミッシュ専用に運営させた。その結果、アーミッシュは、安定したコミュニティを築くことができた。フランス革命後は、アーミッシュは自作農になった。

(3) スイス

アーミッシュは、スイスでは、もともとベルン地方のエメヴァリー（Emme Valley）とトゥーンのあたりに居住区を築いて住んでいた。18世紀にベルンからバーゼル地方に移住するアーミッシュが増え、フランスに近いラ・ショ・ド・フォン（La Chaux-de-Fonds）やニュシャテル（Neuchatel）

に居住区を構えていた。１８１０年頃までは、スイスにはアーミッシュの居住区が２つ残っていたが、アーミッシュの特徴は徐々になくなっていった。１８６６年はまだ洗足式を実施していたが、１９００年になると自分たちをアーミッシュと呼ぶこともなくなり、スイス・メノナイト・コンフェレンス（Swiss Mennonite Conference）に合流した。バーゼル市のメノナイト教区は１７７０年に遡ることができる教区で、当時はアーミッシュの教区であった。

(4) ドイツ

アーミッシュは、南ドイツではカイザーズローテン（Keiserslauten）を中心に散らばって住んでいた。マルキルヒを追われたアーミッシュがパラティネトに来て、ランドウ（Landau）近くのエッシンゲン（Essingen）に住んでいた。

アーミッシュは、ヤコブ・アマンの時代からパラティネトに住んでいたが、パラティネトでは大きな居住区ができるようなことはなかった。むしろ、パラティネトからドイツの他の地域や北米に移住するアーミッシュが多かった。

１７３０年に、アーミッシュのグループがパラティネトからドイツ中部のヘッセ・カッセル（Hesse-Cassel）のヴァルデック（Waldeck，旧名Wittgenshstein）近くに住みついた。１８００年にはマルブル（Marburg）のそばのラーンヴァリー（Lahn Valley）に数家族のアーミッシュが住み始めた。また、やっとの思いでノイヴィード（Neuwied）やアイフェル（Eiffel）にたどり着くアーミッシュもいた。ドイツの中部のアーミッシュは、ヘッセイアン・アーミッシュ（Hessean Amish）と呼ばれ、北米に行き、１９００年にはドイツの中部にはアーミッシュが一人もいなくなった。

パラティネトのアーミッシュの中には、アルザスやロレーヌ地方のアーミッシュと合流してミュンヘンやレゼンブルグ（Resenburg）に近いバヴァリア地方に移る者もいた。バヴァリア地方のアーミッシュは、小作人として農業に関与し、農作業の改良に効果を上げ、アーミッシュでないドイツ人より成果を上げていた。現在もバヴァリアにはアーミッシュの子孫が住んでいるが、アーミッシュではない。バヴァリアのアーミッシュも20世紀の初めにはアーミッシュとしては消滅したが、その子孫は今日でも農業の技術の高さで有名である。

(5) オランダ

１７５０年頃にスイスやパラティネト地方から来たアーミッシュがオランダのグローニンゲン（Groningen）やカンペン（Kampen）の近くで居住区を2つ作っていた。１８５０年頃まではアーミッシュの特徴があったが、それ以降はオランダ系メノナイトに合流した。

(6) 東　欧

１７９１年にパラティネト地方、フランスのモンベリアルのアーミッシュは、ポーランドとウクライナ近辺のガリツィアに移住した。１８０３年にはロシアのヴォルヒニャに移住した。農業の活

ヨーロッパに残ったアーミッシュ（中欧）

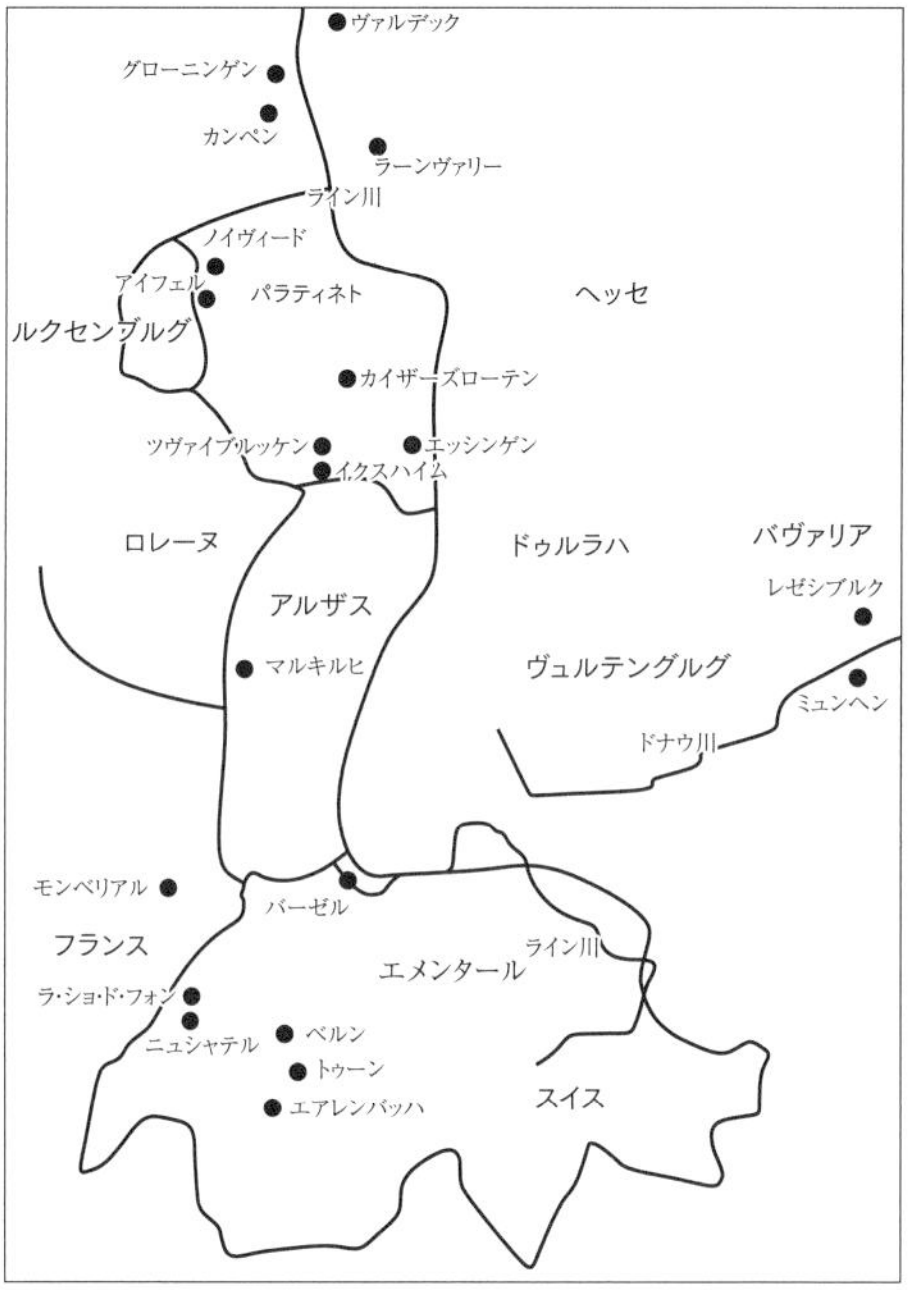

（Nolt（2015:54）のAmish in the South Rhine Valleyを基に作成）

性化を求める東欧の領主からの勧誘があったからである。ただ、アーミッシュの人数が少なかったため、スイス・メノナイトとの交流が進み、婚姻もするようになり、アーミッシュの特性は失われてしまった。東欧のアーミッシュは1874年にカンザス州やサウスダコタ州に移る前に、もうすでにアーミッシュではなくなってしまっていたのである。

(7) 最後のアーミッシュ

パラティネト地方で、アーミッシュとして最後まで残っていたのは、ツヴァイブルッケンの近くのイクスハイム・アーミッシュ（Ixheim Amish）と呼ばれるグループである。アーミッシュは、衣類にボタンやファスナーを使わず、ホックと留め穴を使っていた。イクスハイム・アーミッシュは「ホックの人（hookers）」、近くのアーンストヴァイラー（Ernstweiler）・メノナイトは「ボタンの人（buttoners）」と呼ばれて区別されていた。しかし、イクスハイム・アーミッシュは１８８０年までにはホックと留め穴を使わなくなり、20世紀には両者の違いがなくなり、１９３７年には両者は正式に合流した。イクスハイム・アーミッシュの教会堂は、現在では個人の家になっている。

4 むすび

19世紀の初めから半ばにかけてアメリカに渡った第二波のアーミッシュはヤコブ・アマンのアーミッシュ分立から１００年以上ヨーロッパに滞在していた。厳しい迫害の中、アマンの厳格な忌避の実践が難しくなっていた。一方、第一波のアーミッシュは、アーミッシュ分立の興奮冷めやらぬ頃にアメリカに渡っている。アメリカに移住後は、信教の自由について一定の保障があった。移民時期の１００年の差により第一波と第二波の間に隔たりが生じ、第二波は第一波と合流することなく西に移動して入植した。

ヨーロッパに残ったアーミッシュは、居住場所を変えても組織化した教区を持つことはできなかった。アーミッシュの教役者が礼拝に遠路から来る回数が限られると、アーミッシュとしての結束も弱まっていた。遠く離れたアーミッシュより、近くのメノナイトとの交流が深まり、メノナイト教会に転向するアーミッシュが出てきた。また、信仰の自由に不寛容なヨーロッパの社会的風土もアーミッシュの消滅に拍車をかけた。アメリカの広大な国土と信教の自由という気風がアーミッシュを存続させた。

注

(1) Nolt (2015 : 124).
(2) Nolt (2015 : 128).
(3) Hostetler (1993 : 67-70), *Mennonite Encyclopedia* I, p.95, Amish Mennonites.

第7章　フロンティアの西方移動

1　フロンティアの移動

開拓地と未開拓地の境界地域と言われるフロンティアは、１８００年から１８６０年にかけて西へ西へと動いていった。１７７６年の独立宣言の時、東部の13州（13邦）がアメリカの領土であった。１７８３年のパリ条約で英国がアメリカの独立を正式に認め、ミシシッピ川以東と東部13州の間の英国領が割譲され、アメリカは東部沿岸からミシシッピ川の東までの広大な領土を持つ国となった。

フロンティアの移動　1783-1840年

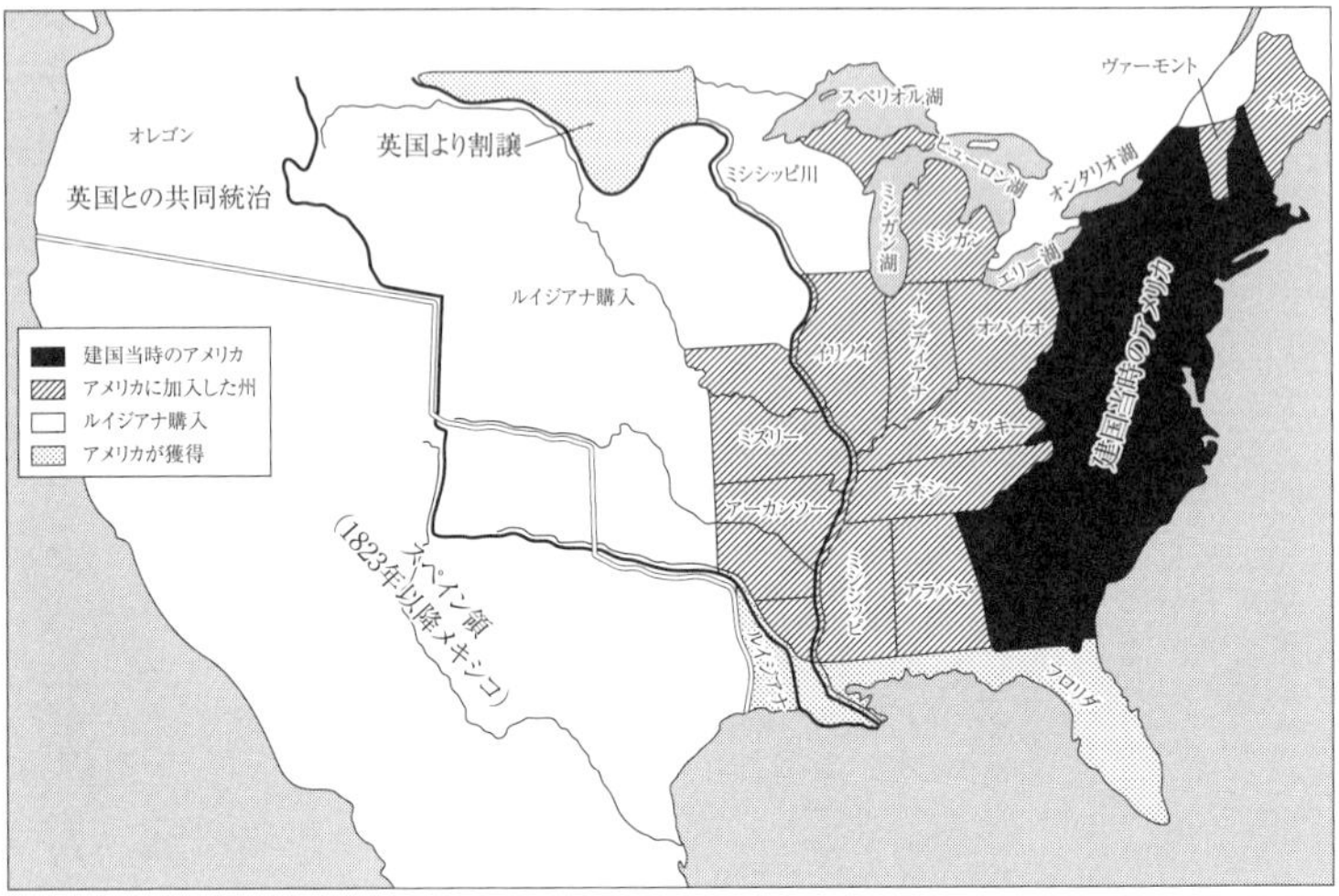

（Gilbert（1985:39）のThe Expanding Frontierを基に作成）

2 ルイジアナ購入（1803年）

アパラチア山脈からロッキー山脈に至るまでの広大な地域は、フランス国王ルイ14世にちなんでルイジアナと呼ばれ、もともとはフランス領であった。1755年から1763年のフレンチ・インディアン戦争でフランスが英国に敗れると、ミシシッピ川以東のフランス領は英国に割譲され、ミシシッピ川以西はスペイン領となった。フランスのナポレオン・ボナパルトは新大陸における帝国再建を考えてスペインからルイジアナを譲り受けた。

ところが、ナポレオンは、当時敵対関係にあった英国が新大陸の領土のカナダからフランス領のルイジアナに侵攻した場合、応戦するのは困難だと考え、応戦の心配のないアメリカにルイジアナを売却して、その代金をヨーロッパでの戦争費用にあてることにした。１８０３年に、ルイジアナは１５００万ドル（現在の約２５０億円）という破格の安値で売却され、これによりアメリカの国土は２倍になり、アメリカ大陸を横断して西へと拡大できるようになった。

3　先住民の土地の争奪

ルイジアナ購入によりアメリカの国土は倍増したが、そこも先住民が住んでいる地域であった。アーミッシュの西部への移動、そして定住は、他のアメリカ白人の西部への移動の流れの中にあった。ミシシッピ川以東のインディアナ州のエルクハート郡とラグランジ郡を例にとって紹介する。

(1) アメリカ白人

エルクハート郡とラグランジ郡は、先住民のオタワ（Ottawa）族、チプワ（Chippewa）族、ポタワトミ（Potawatomi）族が居住していたが、１８２９年頃から白人が住むようになり、小さな村ができていた。１８３２年のエリー運河の完成により、ニューイングランドからのピューリタンの子孫が押し寄せるようになった。

ニューイングランドでは人口が増え、土地の確保が困難になっていた。このため、西の地域への移住を考える者が増えてきた。エリー運河の開通により、アパラチア山脈を越えずに行けることになり、西への移住に拍車がかかった。ニューヨークからハドソン川を上流まで上りエリー湖を渡って、インディアナ州の北部に来ることができることになったからである。エルクハート郡とラグランジ郡は、ニューイングランドからの住民が大きく占めるようになった。

(2) アーミッシュ

アーミッシュも西部への移動で新天地を開拓していくことになった。白人のアーミッシュが積極的に先住民を追い払ってコミュニティを形成していたということはなく、白人全体の西部への大きな流れの中にアーミッシュもいたというのが実態である。

インディアナ州のエルクハート郡とラグランジ郡の場合、１８４０年に、連邦政府の軍隊が、ポタワトミ族らの先住民を追い出すと、翌年の１８４１年にはアーミッシュが居住を始めている。また、１８３２年にブラック・ホーク戦争（Black Hawk War）と呼ばれるミシシッピ川北東部に住むソーク（Sauk）族の土地を連邦政府が取り上げようとしたことから起きた先住民との戦争がある。ブラック・ホーク戦争時に、イリノイ州で、連邦政府の軍隊の荷馬車での運搬を担当し、ソーク族の一掃に関わったアーミッシュもいる。

エルクハート郡とラグランジ郡にはアーミッシュが多く住み着くようになった。エルクハート郡は第二波のオハイオ州からのアーミッシュが多く、ラグランジ郡は第一波のペンシルヴァニアからのアーミッシュが多かった。忌避の程度において、エルクハート郡は緩いのに対し、ラグランジ郡は厳格であるという違いがあり、このような移民の時期が第一波か第二波の19世紀半ばのアーミッシュの分裂になっていく。

4 アメリカ白人とアーミッシュの交錯

(1) アーミッシュ教役者の管理強化

アーミッシュもアメリカ白人と同様に西へ、西へと移動するようになった。ペンシルヴァニアがアーミッシュの最も多く住む地域であったが、アーミッシュの居住州は、オハイオ州、インディアナ州へと拡大し、アーミッシュの人口も増加した。アーミッシュの世界は、洗礼を受ける前の子どもは信者ではないので、子どもの服装、第9章のColumnで紹介するバンドリング（未婚の男女の着衣での添い寝）などに親があまり干渉しないことは珍しくなかった。しかし、アーミッシュの居住区が拡大していくと、教区の教役者は規律を求めるようになり、親の子への厳格な監督を求めるようになった。近隣の教役者たちが集まって、それぞれの教区で規律正しい信仰生活を持つための会合を開くようになった。

(2) 信仰への立ち返り

アーミッシュの間では、洗礼式の方法、メノナイトとの交流の程度について議論がされるようになった。アーミッシュの洗礼は、礼拝の中で行われたので、場所は、当番のアーミッシュの家の納屋であった。これに対し、イエス・キリストはヨルダン川で洗礼を受けたとして、洗礼を受けるアーミッシュが小川の中で跪《ひざまず》き、監督がそのアーミッシュの頭に聖水を注ぐという小川での洗礼の実践を求める声が出てきた。結局、小川か屋内かは、その教区の判断に任されることになり、ほとんどのアーミッシュは、従来通りの持ち回りの納屋で行っていた。

(3) 宗教の勧誘

使徒キリスト教会（Apostolic Christian Church）と呼ばれる再洗礼派の教派が1832年にスイスで設立された。1847年にはアメリカのニューヨーク州のルイス郡でもアーミッシュ・メノナイトの教役者の要望により使徒キリスト教会が設立された。ルイス郡のアーミッシュの中で新使徒教会に改宗する者も出て、その数も多かった。また、ルイス郡のアーミッシュの教役者の中には、従来のアーミッシュから離れて第9章で紹介する進歩的な新派アーミッシュに向けて転向する者も出てきた。

(4) 教会堂

アーミッシュは、教会堂を持たない。ヨーロッパでの迫害の歴史の中で、教会の建物があると命を狙われることが多かったため、持ち回りで教会員の納屋で行っていた。アメリカではそのような心配がなくなり、他の教派のように教会堂を持つ動きが出てきた。１８５３年にイリノイ州のロック・クリーク（Rock Creek）で最初のアーミッシュの教会堂が建てられ、オハイオ州やインディアナ州でも建てられるようになった。

教会という建物を持つか否かは、アーミッシュの宗教生活に大きな変化をもたらす。個人の納屋での持ち回りで隔週の日曜に礼拝を行い、礼拝後に教区のアーミッシュが全員で食事をするという儀式は、教区の結束を生活からも強く支えるものである。そして、外部の者にはどのアーミッシュの家で礼拝をやるのかがわからないので、忌避が十分に保たれる。教会堂があるとその地区のアーミッシュ全員が礼拝に参加していることが知れ渡ってしまう。

教会という建物があるということは、教区の人間が隔週の日曜を待たなくても平日でも祈りができる。そして、教会堂の中で日曜学校まで開かれるようになった。日曜学校は、プロテスタント教会で広く行われており、子どもたちに宗教を教えるものである。しかし、アーミッシュの伝統では、日曜学校は受け入れることができない。父親が子どもたちに信仰の話をして子どもが学ぶという機会がなくなるからである。日曜学校で使用するテキストが画一的なものでそれが子どもたちによいことなのか、出来のよい子どもには賞が与えられるのは競争心をあおりたててよくないのではないかなど、日曜学校に否定的な意見が多い。

教会堂を持つことの可否、日曜学校の開設の可否は、アーミッシュ全体を保守と革新に分けることになった。教会堂を持ち、日曜学校を持ったアーミッシュは、革新の道を進み、最終的にはメノナイトになるのである。

(5) 生活様式

18世紀頃まで、アメリカの白人の生活様式は簡素で質素であった。南部の農園主の英国の貴族階級をまねるような生活様式は例外で、アメリカ白人も開拓者のような生活をよしとしていた。アーミッシュも、ペンシルヴァニア・ジャーマンというドイツ系の背景はあるものの、簡素な生活は他の白人と基本的に同じであった。

しかし、19世紀になると、アメリカ白人の生活様式は洗練されたものになった。品のある話し方や食べ方、家の装飾や家具のこだわりなどが見られるようになった。アーミッシュの中でも、家具などにこだわりを持つ者が出てくるようになった。これに対して、教区の教役者が禁止するようになった。教役者たちの合同会議でも、アーミッシュの質素で簡素な生活様式の確認が議題となることが多かった。

(6) 政治活動

アーミッシュは、政治参加をしない。それは、ヨーロッパの迫害の歴史の中で官憲に対する強い不信感があり、その延長線上にある政治も同様であった。1837年にペンシルヴァニア州サマーセット郡で開催された教区の教役者の合同会議では、アーミッシュの立候補、投票、陪審員の禁止を確認した。

それでも、政治活動をするアーミッシュがいた。1812年の米英戦争の時にペンシルヴァニア州チェスター郡のアーミッシュの監督のクリスチャン・ズーク（Christian Zook）は、選挙の時に、アーミッシュや反戦主義の他の教会の信者に、平和主義で戦争の終結を訴えている候補者への投票を促すチラシを配っていたようである。また、校長や道路の違反工事を取り締まる道路監理員などの公務員の職務に就くアーミッシュは珍しくなかった。1840年代のミフリン郡では35人前後のアーミッシュが公務員の仕事をしていた。イリノイ州マクリーン（McLean）郡では、下級裁判官の治安判事を務めるアーミッシュまでいた。1850年代のイリノイ州では共和党員のアーミッシュもいた。当時弁護士だったリンカーン大統領と親交のあるアーミッシュもいたのである。

(7) 開拓民としてのアーミッシュ

現在のアーミッシュを見ると、アーミッシュは、アメリカ社会から突出している。しかし、開拓期のアーミッシュは、アメリカに入植した白人の開拓者の一つのグループにすぎなかった。また、アメリカの信仰復興の流れの中で、プロテスタントの他の教派に勧誘されて改宗するアーミッシュもいた。

5 むすび

フロンティアの西方移動の中でアーミッシュも他の白人と同様に西へ西へと移動した。アーミッシュの生活様式もアメリカ白人の開拓者の生活様式とそれほど異ならなかった。宗教的交流もあり、アーミッシュがプロテスタントの他の教派に改宗することも少なくなかった。アーミッシュとアメリカ白人の開拓者との間の境界は低かったのである。

第8章　分　裂

1　国家の分裂

(1) アメリカ白人の南北戦争

南北戦争は、1861年から1865年にかけて、北部諸州と南部諸州の間で行われた戦争である。南部のサウスカロライナ州が1860年12月に連邦から脱退し、1861年2月までにはミシシッピ州、フロリダ州、アラバマ州、ジョージア州、ルイジアナ州、テキサス州が脱退し、南部連合（Confederate States of America）が結成された。南北戦争が始まると、ヴァージニア州、アーカンソー州、テネシー州、ノースカロライナ州が南部連合に加わり、南部11州となった。

奴隷制の存続・廃止といった政治面だけでなく、英国との自由貿易を求める南部、保護貿易を求める北部という経済面での大きな対立があった。4年に及ぶ南北戦争の死者は、ベトナム戦争以前のアメリカで行われた戦争の死者の合計より多かった。ヨーロッパ各国の植民地が点在していた16世紀のアメリカ、英国の植民地であるが背景が異なるマサチューセッツなどのニューイングランド植民地、ペンシルヴァニアなどの中部植民地、ヴァージニアなどの南部植民地から構成されていた17世紀のアメリカ、このようにモザイクの様相で始まったアメリカが、南北戦争を経て一つの国民国家としてまとまっていった。

(2) アーミッシュの南北戦争(1)

多くのアーミッシュは北部に住んでおり、奴隷制を支持していなかった。支持していなかったと言っても、クウェーカー教徒のように奴隷制廃止の運動に関与することもなかった。アーミッシュは、クウェーカー教徒と同様に平和主義であったが、政治の大義から距離を置くという立場をとっていた。このため、北部ではアーミッシュは信用できないと思われていた。南部では、兵役に服さないことは裏切り行為として見なされた。

多くのアーミッシュは兵役を拒否したが、兵役拒否の代わりに300ドル（現在の約100万円）を払っていた。北軍兵士として戦うアーミッシュもいた。また、身代わりを立て、身代わりに戦場に行ってもらうアーミッシュもいた。身代わりは、戦場で死亡したり傷害を負ったりするので、批判もあった。

大きな犠牲を払って南北戦争は終結した。リンカーン大統領は、1865年3月4日の大統領2期目の就任演説で、南北戦争の両軍が被った損失は神の意志だと語った。直接戦場で戦うアーミッシュは少なかったが、アーミッシュもアーミッシュなりに戦争により大きな被害を被った。アーミッシュもリンカーンのように神の意志という同じような考えを持っていた。アーミッシュの監督のジェイコブ・シュヴァッツウェントルバー（Jacob Schwarzen-druber）は、1865年6月に南北戦争を通して神は信仰心を試したのだと書いて、他の教区の教役者たちに書簡を出している。19世紀前半のアーミッシュは、一般的な白人のアメリカ人であった。

2　アーミッシュの分裂

(1) 分　裂

19世紀半ばの南北戦争は、北部と南部が戦う国家を二分する戦争であった。一方、アーミッシュも、第一波移住の保守的なアーミッシュと第二波移住の進歩的なアーミッシュの間には歪《ひずみ》があった。この距離を埋めるために教役者会議が何回も持たれたが、まとまることはなかった。その結果、第一波と第二波はそれぞれ別々の方向に進むことになった。第一波がアーミッシュとして残り、第二波は分派の道をとり最終的にメノナイトに併合された。アメリカ社会において、アーミッシュがアメリカ白人社会の中で目立った存在となるのは、19世紀半ばからということになる。

第一波のアーミッシュと第二波のアーミッシュの間では、教義の厳格さの程度において差があった。第一波のアーミッシュは、18世紀前半にアルザス地方やスイスからアメリカに直接来たグループで、アーミッシュ分立後のヤコブ・アマンの厳格な忌避の実践を遂行している本来的なアーミッシュであった。一方、第二波のアーミッシュは、18世紀の前半にアルザス地方から直接アメリカに向かわずに、フランスのモンベリアル、ドイツのヘッセンやバヴァリアなどのヨーロッパの各地を経由してアメリカに来たグループである。

第二波のグループは、経由した地域で100年を過ごすうち、生き残っていくためにメノナイトとの距離も近くなり教義上厳格さを欠くようになった。ペンシルヴァニアという信教の自由に寛容な地域でヤコブ・アマン以来の教義の実践をしてきた第一波のグループは、第二波のアーミッシュについて、妥協の産物で本来のアーミッシュでないとの認識をもっていた。このような第一波と第二波の溝を埋めようと教役者を集めて会議が開催されたが、その歪を埋めることはできなかった。第一波は厳格な教義の実践を規定した旧派アーミッシュへ、第二波はメノナイトとの距離を縮め最終的にはメノナイトに併合されるようになり、結局、第二波はアーミッシュではなくなってしまった。

この第一波と第二波の分裂の経緯について、全教役者会議における第一波と第二波との分裂、第二波の中でのさらなる分裂から論じる。

(2) 全教役者会議（Allgemeine Diener-Versammlungen）

① エルクハート郡とラグランジ郡

アーミッシュもアメリカ白人のように西へ西へと移住するにつれ、各地域で第一波と第二波の軋轢は大きくなってきた。前述のインディアナ州北部を例にあげるならば、エルクハート郡には第二波のアーミッシュが多く、ラグランジ郡には第一波のアーミッシュが多かった。エルクハート郡のアーミッシュは、服装は世俗の影響を少し受け、就学の年数もアーミッシュとしては少し長め、中には公務員の職に就く者もいた。ラグランジ郡のアーミッシュは、エルクハート郡の進歩的な生活様式に当惑していたが、それでもアーミッシュとしての仲間意識はまだあり、双方向で礼拝の参加の交流があった。双方のアーミッシュは相手方が相手方の方針をやめてくれることを願っていた。インディアナ州北部にアーミッシュの流入が増加するようになると、第一波と第二波の間には緊張感が徐々に高まってきた。

② ミフリン郡[②]

ペンシルヴァニア州中部にあるミフリン（Mifflin）郡のビッグヴァリー（Big Valley）でも洗礼を持ち回りで教会員の納屋で行う礼拝で行っていた。しかし、迫害の危険がないアメリカでは、イエス・キリストがヨルダン川で洗礼を受けたことにならって、洗礼を受ける者が小川に跪いて洗礼を受ける方法がよいのではないかという議論が起きてきた。アーミッシュの間で洗礼を行う場所が納屋か川かは、南北戦争前のプロテスタント教会の奴隷制の是非と同じように、教区を揺るがす大きな案件であった。

1849年にシェム・ズーク（Shem Zook）が、*Martyrs Mirror* の改定版の中に、小川の中で洗礼を受けている洗礼式のさし絵を挿入した。シェム・ズーク自身は、小川の中での洗礼が本来あるべき洗礼だと考えていた。メノナイトがアーミッシュに改宗する時も、洗礼を受けることになる。その洗礼式を、新約聖書を紐解いてイエス・キリストのように小川で行う方法がよいのではないかという意見がミフリン郡のアーミッシュの間でも出るようになった。

1850年頃からビッグヴァリーの中間部の教区の監督であるソロモン・バイラー（Solomon Beiler）は、洗礼を受ける者の希望に応じて小川での洗礼も行うようにした。一方、ビッグヴァリーの高地のアーミッシュのアブラハム・ピーチー（Abraham Peachey）は、小川での洗礼方法に反対の立場であった。ソロモン・バイラーもアブラハム・ピーチーも互いの主張を変えず折り合いがつかなくなり、両者の関係は険悪になっていった。

そこで、ミフリン郡の近くのランカスター郡やサマーセット郡、オハイオ州のホームズ郡の教役者らが数回にわたって調停に入った。ランカスター郡の監督のディヴィッド・バイラー（David Beiler）は、ソロモン・バイラーの12歳上の実兄であったが、川での洗礼に反対であった。調停は功を奏せず、1862年と思われるが、ある日曜の礼拝の時に、アブラハム・ピーチーがソロモン・バイラーに、納屋での洗礼方法が気に入らないのなら、ここから出ていったらどうかと言うようなことになってしまった。両者は決裂したのである。アーミッシュの全教役者を対象とした第2回全教役者会議が1863年にミフリン郡で開催されることになっていた。この全教役者会議でも調整を図ろうとしたが、折り合いがつかなかった。

アブラハム・ピーチーが率いる保守的なグループは、ピーチー・アーミッシュと呼ばれるようになった。この保守的なグループも合流や分派を繰り返していく。一方、ソロモン・バイラーが率いるアーミッシュは、後にアーミッシュ・メノナイトになり、最終的にメノナイトに併合された。

③ペンシルヴァニア州とオハイオ州

第一波と第二波の忌避の程度の違いの例として、新来者の受け入れの可否の事例がある。アーミッシュであったがメノナイトに転向した人が、主のことばと使徒の教えに従うということを主張して、ペンシルヴァニア州サマーセット郡のアーミッシュの教会への入会を申請した。サマーセット郡では、このアーミッシュがメノナイトの洗礼を受けてしまったことを理由に入会を拒否した。そこで、このアーミッシュが、オハイオ州の新興のアーミッシュの教区に行って入会を申請すると、受け入れが認められた。次に、このアーミッシュは、サマーセット郡のアーミッシュの教会に戻って来て、もうメノナイトではなくオハイオ州の正統なアーミッシュであるので、アーミッシュとして受け入れを求めた。サマーセット郡のアーミッシュの教区はアーミッシュとして認めず入会を拒否した。このようにアーミッシュの教区の判断が異なってしまう忌避について、どこまで貫くのかが問題となった。

④ 保守と進歩の歪《ひずみ》

第二波の進歩的なアーミッシュは、世の中の流れを意識し、意義のある良い変化だけを吟味し選択して、ある程度の変革をしなければ意味のある魅力的な信仰を遂行できないと考えていた。一方、第一波の保守的なアーミッシュは、もともとは、小川での洗礼のような行為そのものはそれほど問題があるとは考えていなかった。しかし、洗礼のやり方を変えることが一つのきっかけとなり、アーミッシュの伝統がなし崩しになるのを恐れていた。

双方とも互いがアーミッシュであることは認め合っていた。ただ、一方が歩み寄って譲歩するのを待っているような状態が続いていた。しかし、双方とも睨み合いのような状態が続き、距離は縮まることなく広がるばかりであった。双方とも修復が困難であると判断せざるをえなくなった。

1851年に、ペンシルヴァニア州ランカスター郡の監督のディヴィッド・バイラー（David Beiler）は、オハイオ州のアーミッシュの教役者に、アーミッシュとしての一体感を共有するためにも教役者会議を開催してはどうかと提案した。バイラーのように第一波の保守的なグループに属するアーミッシュで全教役者会議の開催を望む声もあったが、会議開催に向けて具体的な行動をとったのは、保守的なアーミッシュではなく第二波の進歩的なアーミッシュであった。このことは、全教役者会議の成果の限界を暗示していた。

⑤　全教役者会議[3]

(a)　全教役者会議の流れ

ランカスター郡の東部の教区の執事を務めるジョン・ストルツフス（John Stolzfus）は、1861年3月8日に、全教役者会議の開催をアーミッシュの教役者全員に対する公開書簡状の形をとって正式に提案した。興味深いことに、ストルツフスは、ランカスター郡にいる時は保守的なアーミッシュとの交流を持っていたが、後にテネシーに移住し、そこで進歩的なアーミッシュに転向した。ストルツフスの提案に呼応して1861年中に開催しようとする動きもあったが、実際の開催は翌年の1862年になった。

全教役者会議は、1862年から1878年まで、1877年を除くと、毎年、合計16回開催された。開催地は、オハイオ州が7回、イリノイ州が4回、ペンシルヴァニア州が2回、インディアナ州も2回、アイオワ州が1回である。第一波のアーミッシュが多いペンシルヴァニア州が2回と少なく、後は、第二波の多い新興のアーミッシュの居住区である。ペンシルヴァニアの2回はランカスター郡ではなくミフリン郡で、1863年開催の第2回全教役者会議では、ソロモン・バイラーとアブラハム・ピーチーの調停が議題の一つであった。

第1回の全教役者会議は、オハイオ州ウェイン郡のサミュエル・シュロック（Samuel Schrock）

の納屋の中で開催され、6州から72名の教役者のアーミッシュが参加した。平信徒のアーミッシュも400人以上が来たが、平信徒は議論や投票には加わらなかった。東部、中西部を含む広範囲のアーミッシュが対象なので、多くのアーミッシュは電車を使って来た。

第1回の会議は、議長や副議長が進歩的なアーミッシュだったので、議事も第二波の進歩的アーミッシュに有利な議題設定であった。72名の教役者のうち50名程度は進歩派とされるアーミッシュであった。これに対して、保守的なアーミッシュの中には、そもそも会議開催について自分たち保守的なアーミッシュまで情報が十分に届かず知らされていなかったという不満があった。ただ、実際には、教役者会議ではアーミッシュの統一に向けてではなく進歩派の改革を確認する作業になるのではないかと、最初から参加を拒む保守的なアーミッシュも少なくなかった。

第3回全教役者会議は、1864年にインディアナ州エルクハート郡で開催された。エルクハート郡は、進歩派アーミッシュの多い地域である。議題の一つは、保守的なラグランジ郡との対立に関するものであった。そして、保守的なアーミッシュが到着する前に議決が終わっていた。保守的なアーミッシュは、進歩派の暴挙であると憤慨し、翌年の第4回の開催に向けて保守的な方針が全体会議で反映される対策を講じることにした。

第4回全教役者会議は、1865年にオハイオ州ウェイン郡で開催されることになっていた。ウェイン郡は進歩派の拠点のような地域であったが、その南にあるホームズ（Holmes）郡は保守派が主流の地域であった。保守派のアーミッシュの教役者は、第4回全教役者会議の開催の数日前にホームズ郡で保守派の会議を開催した。集まった保守派の教役者は、オハイオ州、インディアナ州、ペンシルヴァニア州西部、カナダのオンタリオ州からの34名の教役者であった。

34名の教役者は、アーミッシュの教会戒律(Ordnung)の理念を明記し、具体的な戒律も加えたホームズ声明文と呼ばれる文書を作成した。ホームズ声明文は保守派のアーミッシュのとるべき規範であり、保守派のアーミッシュは進歩的なものはすべて神のことばに背くということをホームズ声明文の中で確認し合った。34名の教役者は、ホームズ文書に署名し、文書を携えて、第4回全教役者会議が開催されるウェイン郡に向かった。

第4回全教役者会議の参加者は89名で、16回の全教役者会議の中で参加者が一番多かった。保守派のアーミッシュは全体の40％を占めていた。16回にわたる全教役者会議の中で保守派のアーミッシュの参加者数が最も多かったにもかかわらず、議事録は16回の全教役者会議の中で最も薄っぺらなものであった。第4回全教役者会議では、保守派のホームズ声明文は、全教役者会議の終了前にやっと取り上げられ、時間をかけて審議されるようなことはなかった。保守派のアーミッシュは、全教役者会議に深く失望し、これ以降、参加する保守派は激減した。第4回全教役者会議は北米のアーミッシュの将来について、統合か分裂かの分岐点となった会議であった。

(b) 旧派アーミッシュとアーミッシュ・メノナイトへの分裂

16回にわたる全教役者会議では、アーミッシュの教義に厳格に則った伝統を重んじるのか、意義

アーミッシュの分裂

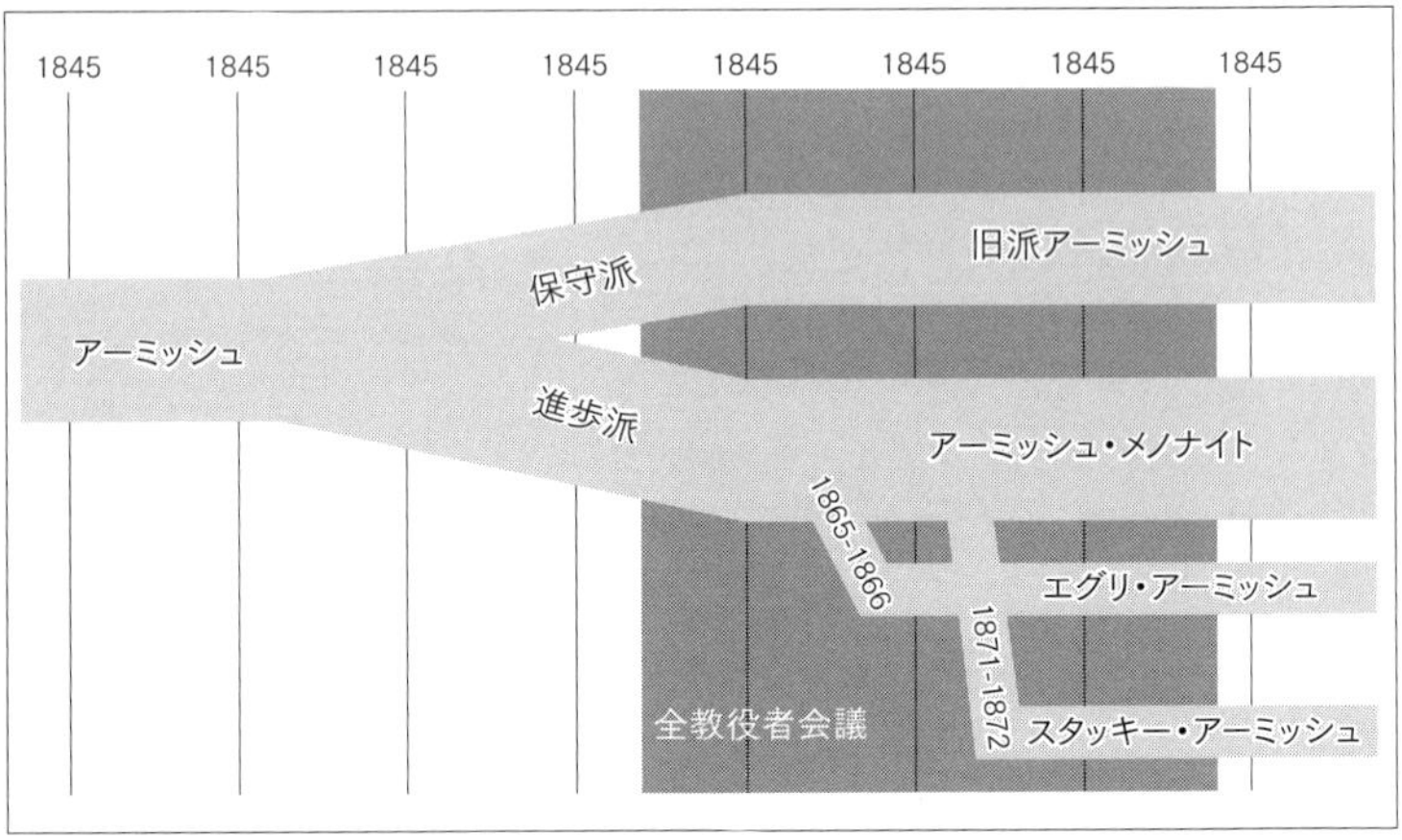

（Nolt（2015:178）のNineteenth-Century Schism in the Amish Churchを基に作成）

のある信仰を目的として若干の刷新を認めて進歩的になるのかが、争点であった。具体的には、教会堂を持つことの可否、洗礼を教会員の持ち回りの納屋でやるのか小川でやるのかなどである。16回も開催されたのであるが、結果として、保守派と進歩派のアーミッシュの和解ではなく保守派と進歩派の分離へと方向が進んでしまった。アイオワ州ワシントン郡で開催された第13回全教役者会議の参加者は28名まで減り、イリノイ州ウッドフォード（Woodford）郡で開催された第16回の全教役者会議でもって、全教役者会議は終わりとなった。全教役者会議の開催をする必要性がなくなったということは、進歩的アーミッシュは、保守的なアーミッシュの意見に注意を向ける必要がなくなったことを意味していた。進歩派のアーミッシュは、タガが外れたように日曜学校や教会堂の設置へと改革を積極的に進めていった。

結局のところ、それまで保守派も進歩派も「アーミッシュ」と呼んでいたのを、全教役者会議の分裂後は、同じ「アーミッシュ」という呼び方では支障があるということが確認されてしまった。それぞれの位置づけを明確にした呼び方をすることになった。第一波の流れを汲むアーミッシュは、保守的なアーミッシュとして、Ordnung（戒律）を重んじるので、その英語名Orderを使って、旧派アーミッシュ（Old Order Amish）と呼ぶようになった。第二波の進歩的なアーミッシュは、メノナイトとの交流が進んで、アーミッシュ・メノナイト（Amish Mennonite）と呼ぶようになった。

アーミッシュ・メノナイトは、ある程度の改革を進めるということでは一致していたが、どの程度まで進めるかについての合意は困難を伴った。改革の程度を巡って、紛糾することが多く、結果的にエグリ・アーミッシュやスタッキー・アーミッシュの分派が起きてくるのである。そして、ほとんどのアーミッシュ・メノナイトは、最終的にはメノナイトに併合されていった。

3 むすび

北軍と南軍が戦うという南北戦争が起きている頃、アーミッシュの間でも第一波のアーミッシュと第二波のアーミッシュの間で分裂が起きていた。南北戦争は、大きな犠牲を払って北部が南部を組み込むという形でアメリカという国家が一つにまとまったが、アーミッシュの分裂は、一方がもう一方を組み込むことはできず決裂してしまった。第一波と第二波の決裂となり、第一波が旧派アーミッシュ、第二波はアーミッシュ・メノナイトになり、第二派は最終的にメノナイトに併合された。

注

(1) Lehman & Nolt (2007), Nolt (2015).
(2) Yoder (1991：121-130).
(3) Hostetler (1948), Nolt (2015：169-175).

第9章　さらなる分裂[1]

1　エグリ・アーミッシュ[2]

アーミッシュは、16回もの回数を重ねた全教役者会議により、保守的な旧派アーミッシュと進歩的なアーミッシュ・メノナイトに分裂した。その進歩的なアーミッシュ・メノナイトの中でさらなる分裂が起きた。

1839年にドイツのバーデン（Baden）からアーミッシュの数家族がアメリカに移住した。その数家族の中にヘンリー・エグリ（Henry Egli）の家族もいた。ヘンリー・エグリの家族はオハイオ州バトラー郡のアーミッシュ・メノナイトの教区に入会した。1841年にインディアナ州アダムズ郡バーン（Berne）に移った。ヘンリー・エグリは1840年代に重病にかかり、闘病と療養の生活を長く送るうちに、宗教的な神秘体験をするようになった。エグリは、このような宗教体験こそ、神が万人に求めているものだと確信するようになった。教区の役職として、1850年に執事、1854年に説教者になった。エグリは、これまでのアーミッシュの宗教生活に対して、形式的な伝統に因《よ》るのみであると批判するようになった。そして、洗礼を受ける時に、回心と新生という宗教体験を持たずに洗礼を受けることは、幼児洗礼と変わらないと説くようになった。

エグリの宗教体験は、19世紀半ばのアメリカのプロテスタントの信仰復興運動だと見なされ、また、個人体験に重きを置くということは、聖書に忠実な信仰によって救われるというアーミッシュ本来の宗教に反するとも考えられた。教区の半数はエグリを支持したが、残りの半数はエグリに異を唱えるようになった。教区では、ホームズ郡から3人の教役者に入ってもらって、対立する意見の調整にあたってもらった。1858年1月であるが、オハイオの教役者はエグリを叱責するのではなくエグリを監督に任じることで調整を図った。

エグリが監督になると教区の混乱は増大した。エグリは、回心と新生の体験のない者の洗礼は、洗礼にならないので洗礼を施すことを拒否した。拒否された者は強く反発した。また、エグリは、戒律から逸脱した教会員を罰することも拒否した。その理由は、その逸脱した教会員は、エグリが考える受洗の資格がない者なので、そもそも教会員ではないから罰の必要性はないとのことであった。

1865年の秋になると、エグリの教区は、エグリ支持とエグリ不支持で完全に二分され、教区として聖餐式などの重要な宗教的儀式の遂行が不可能な状態であった。エグリに監督職の辞任を求める声が教区の多数の信者の中からあがった。エグリは、1866年に教区の中で自分を支持する者を集めて新しいアーミッシュのグループとして分派した。エグリのグループは、エグリ・アーミッシュと呼ばれた。

エグリ・アーミッシュは、インディアナ州からイリノイ州、カンザス州に広がった。1833年にはエグリ・アーミッシュの第1回の年次大会が開催された。当初は、洗礼において回心と新生を条件化する以外は、アーミッシュそのものであった。しかし、毎週日曜日の礼拝、教会堂の使用、英語導入、オルガン伴奏、日曜学校の開設と、徐々に進歩的になっていった。アフリカのコンゴをはじめとする外国伝道も行うようになり、メノナイト化していった。エグリ・アーミッシュという名前も、ディフェンスレス・メノナイト教会（Defenseless Mennonite Church）となり、1948年以降は、福音メノナイト教会（Evangelical Mennonite Church）と呼ばれている。

2　スタッキー・アーミッシュ(3)

ジョセフ・スタッキー（Joseph Stuckey）は、1825年にアルザス地方で生まれ、1830年に家族でオハイオ州バトラー郡に移住した。1858年にイリノイ州マックリーン郡に移った。1860年に説教者に、1864年には監督に選出された。スタッキーは、全教役者会議にはすべて出席し指導力を発揮していた。アーミッシュには、別の教区の教会員がそこで罰を受け、自分の教区に加入を希望した場合は、その別の教区に問い合わせるという慣行があるが、スタッキーは、以前の教区に意向を問い合わせるようなことをせずに受け入れていたので、物議を醸していた。

スタッキーの教区のアーミッシュに、ジョセフ・ジョーダー（Joseph Joder）という学校教師であり詩人でもある教会員がいた。ジョーダーは、ラテン語、ギリシャ語、ヘブライ語に通じていた。ジョーダーは、キリストによる贖罪の意義を認めず、父なる神による万人の救済を表明するという普遍主義的救済論を堅持していた。これは19世紀半ばのアメリカ社会でも人々の関心を集めている宗教的理論であった。ジョーダーは、英語で普遍主義的救済論の詩を何篇か書いていたが、英語よりドイツ語の使用を主とするアーミッシュ・メノナイトの間では知られていなかった。しかし、１８６９年にドイツ語で26連からなるDie Frohe Botschaft（喜びの知らせ）という題の詩を書くと、この詩篇がアーミッシュ・メノナイトの目に留まった。ジョーダーの書いた詩は、普遍主義的救済論を提唱しているため、アーミッシュ信仰と相容れないとして、１８７２年の全教役者会議でジョーダーの詩篇は異端であると判断された。教区の監督であるスタッキーの教区運営にも批判的な意見が多く出された。

全教役者会議から3カ月後に、３人のアーミッシュ・メノナイトの教役者がスタッキーの教区を訪れ、スタッキーに異端者のジョーダーはまだ教会員の扱いなのかと詰問した。スタッキーは、ジョーダーを破門していない、またする意思もないと回答した。スタッキーは、ジョーダーの普遍主義的救済論に特に共鳴していたわけではなかった。ただ、細かなことの違反に戒律破りのレッテルを貼って破門するアーミッシュの伝統的な教区運営に批判的であった。

スタッキーのジョーダーを破門しないという回答は、異端のジョーダー擁護と捉えられた。教役者会議で、ジョーダーは、異端とされ追放処分となった。スタッキーについては、ジョーダーを擁護したことについて公の場で罪を改め告白をすることが決定された。スタッキーは、これに従わず、自分の教区は、アーミッシュ・メノナイトと縁を切ることにした。スタッキーの教区の教会員は、スタッキーの破門に批判的な態度を支持していたので、ヘンリー・エグリの場合と異なって、教区がまとまってスタッキーに従った。

スタッキーの率いるグループはジェネラル・コンフェレンス・メノナイト教会（General Conference Mennonite Church）に接近するようになり、メノナイトとの交流を通じて改革を進めた。１８９９年には、セントラル・メノナイト・コンフェレンス（Central Mennonite Conference）を作り、１９１４年には、セントラル・イリノイ・メノナイト教会（Central Illinois Mennonite Church）という名に改め、１９４５年にはジェネラル・コンフェレンス・メノナイト教会の一地方部会としての役割も担い、メノナイトになっている。

アーミッシュ・メノナイトは、旧派アーミッシュと異なって改革を進めていくが、改革の程度は、エグリ・アーミッシュやスタッキー・アーミッシュが提唱する進歩の程度までを受け入れることはできないという位置づけである。言い換えれば、アーミッシュ・メノナイトは、旧派アーミッシュと、エグリ・アーミッシュとスタッキー・アーミッシュの中間にいるということである。

アーミッシュは、戒律から逸脱すると社会的忌避を受ける。逸脱の罪を公に悔い改めれば、復帰できる。しかし、悔い改めなければ、その社会的忌避は一生続くことになる。

19世紀後半から旧派アーミッシュの間で、社会的忌避の解釈と実践の厳格度のあり方について議論されるようになった。倫理上明らかに問題とされて社会的忌避をされた者と、メノナイトなどのアーミッシュ以外の再洗礼派の信者となって社会的忌避をされた者を同じように扱ってよいのかということである。メノナイトの教会員として受け入れられ、真っ当な教会員としての評価を受けている元アーミッシュに、確かにメノナイトになったことを悔い改めないわけではあるが、同じ再洗礼派の信者であることに変わりがないので、社会的忌避を解除してもよいのではないかという考え方が現れてきた。オハイオ州ホームズ郡の教役者の中には、メノナイトになった元アーミッシュには緩やかな社会的忌避を実践してよいのではないかと考える者が出てきた。

この流れに対して、オハイオ州ホームズ郡の監督の一人であるサミュエル・ヨーダー（Samuel E. Yoder）は異を唱えた。ヨーダーの教区では、いかなる理由であれ社会的忌避になった者はそれを悔い改めない限り、社会的忌避は永遠に続くという解釈で実践されていた。ヨーダーは、１９１７年には社会的忌避の緩い解釈の教区とは、これまでの交流をやめることにした。具体的には、ヨー

3 シュヴァッツェントルバー・アーミッシュ

ダーの教区のアーミッシュは、親戚関係もある隣村のアーミッシュの礼拝に行ったり、また、結婚相手を見つけたりすることができなくなるということである。教区のアーミッシュの日常生活に支障をきたすことであった。

そこで、インディアナ州とイリノイ州から旧派アーミッシュの教役者がホームズ郡まで来て、仲裁に入ろうとしたが、うまくいかなかった。ヨーダーの死後、後を継いだ監督の苗字がシュヴァッツェントルバー（Swartzentruber）であったことから、この保守的な旧派アーミッシュはシュヴァッツェントルバー・アーミッシュと呼ばれるようになった。

シュヴァッツェントルバー・アーミッシュは、社会的忌避の実践の程度だけでなく、服装、農作業方法、礼拝のやり方などを含めて極めて簡素である。例えば、馬車の正面のアクリルの風よけもつけないため、冬は風をまともに受けての走行となる。シュヴァッツェントルバー・アーミッシュが交流を持っている旧派アーミッシュは、ミフリン郡の幌《ほろ》馬車のようなシンプルな白い馬車に乗っているネブラスカ・アーミッシュだけである。

シュヴァッツェントルバー・アーミッシュは、オハイオ州だけでなく、ウィスコンシン州、テネシー州、ニューヨーク州などアメリカ13州とカナダのオンタリオ州まで広がっている。

4 新派アーミッシュ

シュヴッツェントルバー・アーミッシュが誕生してから半世紀後であるが、同じくオハイオ州ホームズ郡で新派アーミッシュ（New Order Amish）が誕生した。新派アーミッシュは、シュヴッツェントルバー・アーミッシュとは逆に進歩的な方向に向かっているアーミッシュである。

第2次世界大戦、朝鮮戦争、ベトナム戦争で徴兵に駆り出されたアーミッシュの青年は、戦場には行かずに病院などで内勤の仕事をしていた。この外部社会との接触により、アーミッシュの若者らはアーミッシュの宗教について客観的な目で見るようになった。また、この頃、オハイオ州のホームズ郡ではメノナイトや他のプロテスタントの信仰復興運動の動きもあった。これらの信仰復興の流れから、アーミッシュの厳しい戒律（Ordnung）は、神の救済の障害になっているのではないかと考えるアーミッシュが出てきた。このような考え方から、アーミッシュの中で伝道に目覚め、さらに、伝道に積極的なメノナイトなどに転向する者も出てきた。

旧派アーミッシュの教役者の中に伝道志向のアーミッシュに一定の理解を示す者も出てきた。伝道的な活動は必要であると考えたが、伝統的なアーミッシュの生活様式はアーミッシュにとって重要なことであるので守るべきだと考えた。また、夜の聖書の会を開催したり、若者の集まりの会合を設けたりした。

アーミッシュは、伝統的に思春期の通過儀礼と言われるランシュプリンガ（rumshpringa）やバンドリングと呼ばれる未婚の男女の着衣の添い寝の習慣がある。ランシュプリンガは、ペンシルヴァニア・ジャーマンで「走り回る」という意味のことばで、アーミッシュの若者が14歳頃から洗礼を受けるまでの間、車の運転や飲酒や派手な服装などアーミッシュの戒律で禁じられていることをしても洗礼前の通過儀礼として大目に見られることである。一般のアメリカ人の生活を味わって、その体験を踏まえてアーミッシュとしてやっていくのかを決める。洗礼後のアーミッシュとして生活を送るための通過儀礼である。筆者が訪ねたミネソタ州フィルモア（Filmore）郡ハーモニー（Harmony）のシュヴァッツェントルバー・アーミッシュでは、洗礼前に女子のアーミッシュがショッピングセンターのトイレで一般の女性の服装に着替えて遊ぶということがあった。しかし、このようなランシュプリンガやバンドリングが不道徳と考えられるようになった。また、アーミッシュには元々喫煙の習慣があり、これもやめるべきだという意見が出てきた。

１９６３年頃から伝道志向や伝統志向の是非を巡ってホームズ郡のアーミッシュの間で軋《きし》みが大きくなった。他の州から教役者が調停に来たが、修復はできなかった。１９６６年に、伝道志向のアーミッシュは旧派アーミッシュから袂《たもと》を分かつことにした。旧派アーミッシュが、この伝道志向のアーミッシュを新派アーミッシュと呼んだので、このグループは、新派アーミッシュと呼ばれるようになった。

２０１２年には、12州に70教区の新派アーミッシュがある。ただ、新派アーミッシュの信仰生活には、教区ごとにばらつきがある。電気の使用を認めている教区もあれば電気の使用が禁止の教区もある。電話を家屋内に引くのを認めている教区もあれば、禁止の教区もある。外部の者に写真を撮られることに抵抗感がない新派アーミッシュもいる。旧派アーミッシュは、伝手《つて》がないと直接に接触することは難しいが、新派アーミッシュは外部者に対する敷居は低い。

筆者が訪ねたホームズ郡の新派アーミッシュは、電話は家屋内にはなかったが、門のところにあった。雨の日などは、電話が鳴ると傘をさしてアーミッシュの妻が応対に出ていた。新派アーミッシュの教義上の方針について、旧派アーミッシュのバンドリングを厳しく批判していた。伝道の意志があると外部者に対する抵抗感は低くなることを実感した。

新派アーミッシュがアーミッシュになる比率は60％前後で旧派アーミッシュの85％前後より低い。新派アーミッシュは、個人の信仰に焦点を当てているという点で主流プロテスタントに近くなっている。

5　ビーチー・アーミッシュ(4)

新派アーミッシュは、麦わら帽子のつばの広さなどは旧派アーミッシュと若干の違いはあるものの、黒い馬車に乗って、英語ではなくペンシルヴァニア・ジャーマンを使うなど、外部者には旧派アーミッシュと同じように見える教区が多い。これに対して、ビーチー・アーミッシュは、アー

再洗礼派の時系列 1517-1890年

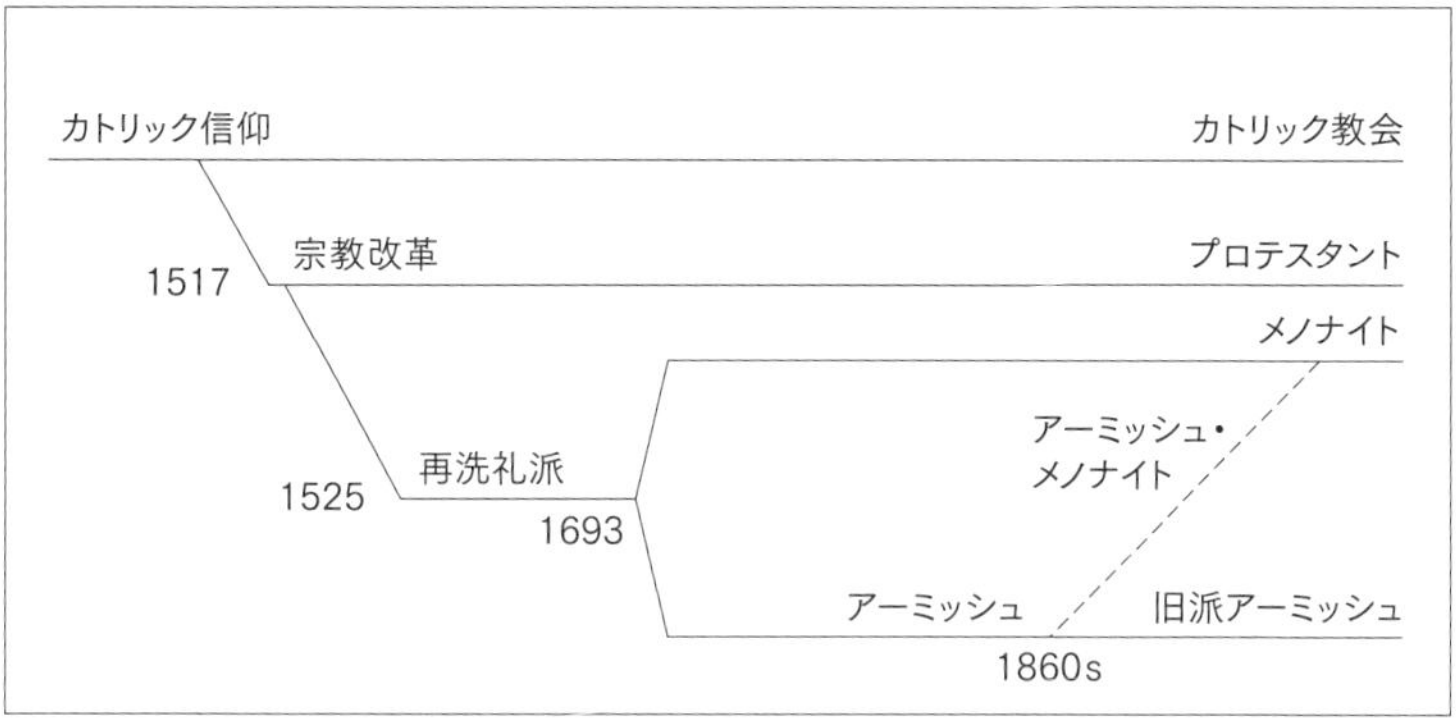

（Kraybill（2013:35）のAnabaptist-Amish Timeline,1517-1890を基に作成）

ミッシュの伝統的な服装はしているものの、運転免許取得と自動車運転、インターネットの一定の利用可など進歩化が進み、旧派アーミッシュとメノナイトの中間に位置づけられるアーミッシュである。

１９２７年にペンシルヴァニア州サマーセット郡のモーゼ・ビーチー（Moses M. Beachy）という名前の監督が旧派アーミッシュから分派したのがその起こりである。監督の苗字をとってビーチー・アーミッシュと呼ばれている。

１９２０年頃からモーゼ・ビーチーの教区を出てメリーランド州のグランツヴィル（Grantsville）の保守的アーミッシュ・メノナイト（Conservative Amish Mennonite）の教区に入るアーミッシュがいた。旧派アーミッシュではこれらの者に対して厳格な社会的忌避を実践しなければならないが、モーゼ・ビーチーはしなかった。１９２３年頃から従来通りの厳格さを求める声が教区の教役者である説教者らの間でも強くなった。論争は、社会的忌避の程度だけでなく日曜学校や電気の使用など進歩的な要素の是非まで広がっていた。
1926年秋には聖餐式ができないほど、議論が紛糾していた。モーゼ・ビーチーは教区が分裂していることは十分にわかっていたが、1927年春にあえて聖餐式を決行した。すると、その聖餐式にはモーゼを支持しているアーミッシュのみが参加した。1927年6月26日にモーゼに反対している説教者は、次回の聖餐式はモーゼが予定している場所と異なる場所で開催することを宣言し、モーゼの教区から出ていった。そして、残ったモーゼ・ビーチーのグループがビーチー・アーミッシュとなり、分派が確定した。ビーチー・アーミッシュは社会的忌避の実践の緩さだけでなく、電気や電話などの生活様式の一般社会化を受け入れている。

筆者が訪ねたテネシー州ヘンリー（Henry）郡コッテジ・グローブ（Cottage Grove）にあるベセル・フェローシップ（Bethel Fellowship）というビーチー・アーミッシュの教区では、教会堂があり、礼拝はドイツ語ではなく英語であった。プロテスタントの教会で行われている日曜学校があり聖書の勉強会をしていた。黒ではあるが自動車に乗っていた。教区の監督のノア・ウェンガード（Noah Wengerd）の妻の車に乗せてもらって移動したが、山道の直進の道の加速とカーブの減速とメリハリのある運転で、筆者より運転がうまいと思った。農作業にはゴムのタイヤのトラクターを使用している。家屋内には、子機もある電話があり、冷蔵庫や食洗器もあった。テレビは禁止されている。教会堂の礼拝にも外部者の参加が認められた。教会堂では男女分かれて座っていた。

2012年のビーチー・アーミッシュの信者数[5]は、北米ではペンシルヴァニア州、インディアナ州、

ビーチー・アーミッシュの教会堂

オハイオ州に多く、２０１の教区に1万２９６０人である。伝道に関心があるため、海外の布教活動が活発で、75の教区に１０００人から１５００人の信者がいる。エルサバドル、ニカラグア、コスタリカなどの中南米の国だけでなく、ケニヤなどのアフリカ、オーストラリア、アイルランド、ウクライナ、ルーマニアにも教区があり、メノナイト教会と連携を取りながら伝道活動をしている。

6 むすび

アーミッシュにとって社会的忌避の実践は重要事項である。緩い実践に向けてのスタッキー・アーミッシュの分派、厳格な実践を主張するシュヴァッツェントルバー・アーミッシュの誕生、緩い実践に向けてのビーチー・アーミッシュの分派が20世紀のアーミッシュの分裂の背景となっている。

また、プロテスタントの信仰復興運動の覚醒の影響を受け、個人の信仰に焦点を当てるエグリ・アーミッシュ、旧派アーミッシュが保持してきた中央ヨーロッパの民俗的慣習をプロテスタント的倫理観から否定する新派アーミッシュの誕生もある。

19世紀に旧派アーミッシュが確立されるが、一方、プロテスタントの影響を受けプロテスタント的になったアーミッシュが進歩的なアーミッシュとなってメノナイトとの距離を縮めていく。また、ヤコブ・アマン以来のアーミッシュの社会的忌避の厳格な実践をするシュヴァッツェントルバー・アーミッシュもその存在感を顕著にしている。

Column バンドリング

アーミッシュに限らず、中央ヨーロッパにはバンドリング（bundling）と呼ばれる若い男女の求愛行動があった。若い男女が着衣をつけたまま同じベッドで夜を過ごすことである。開拓時代のアメリカにもバンドリングはもたらされ、ペンシルヴァニア・ジャーマンが話される地域でよく見られた。アーミッシュでないドイツ系アメリカ人がこのような慣習をやめていくなか、アーミッシュの間では残っていた。そのアーミッシュの中でも、白い幌のような馬車に乗る最も保守的なネブラスカ・アーミッシュを除くと、この風習は廃《すた》れつつある。新派アーミッシュは、バンドリングも旧派アーミッシュからの分派の理由の一つにしている。

ミフリン（Mifflin）郡のビッグヴァリーと呼ばれるキシャコキラヴァリー（Kishacoquillas Valley）で、礼拝のあった日曜の午後、ネブラスカ・アーミッシュの家の写真を撮っていた。実は、その時にショールを落としてしまった。マックニット氏と夕食をとっている時に気がついて、夜8時半頃であったが、道路に落としたショールを探しにマックニット氏の車で戻った。昼間見たネブラスカ・アーミッシュの家はどの家も、真っ暗であった。ランプでも使っていれば明かりが少しはもれると思われるが、人がまったくいないように思えるほどの暗さであった。車のヘッドライトの明かりで落としたショールが見つかった。ショールを拾ってアーミッシュの学校を通り過ぎようとした時に、学校の前に白い幌の馬車が5、6台停まっていることに気がついた。しかも、それぞれの馬車の後部に2つあるケルシンで燃やす照明が光っている。学校に人が集まっているような雰囲気はなかった。アーミッシュは倹約家なので、用がないのに照明をつけるようなことはしない。

不思議に思ってじっと見ていると、馬車の中にアーミッシュの若者が見えた。向こうもこちらの存在に気がつき、サーチライトでこちらを照らした。アーミッシュが持っているとはとても思えない、刑務所で脱獄囚に照らすような眩しいサーチライトであった。そして、1台の馬車が威嚇をして校庭を横切って私たちのいる道路に向かってきた。どうも馬車の中でのバンドリングをしているようであった。アーミッシュの若者はこちらを警戒して威圧的な行動をとったようである。マックニット氏の車も白色であるが、メルセデス・ベンツのSクラスで、大きい車でスピードも出るので、白の幌の馬車が競《きそ》えるものではない。私たちはゆっくりとその場を去った。白い幌馬車が追って来ることはなかった。自分一人で慣れない左ハンドルのレンタカーでショールを探しに行かなくて本当によかったと思った。

アーミッシュは、生年月日、結婚日、死亡日の記録を丁寧に書き取っているが、親の結婚日に比べると子どもの生年月日が早すぎる事例が少なくない。バンドリングは着衣のままでないことも多く、どうもネブラスカ・アーミッシュの親は早く就寝して黙認しているように思える。

（上）マックニット氏の白のベンツとネブラスカ・アーミッシュの白の馬車
（下）夜の学校の前の白の馬車数台とその照明

注

⑴ Nolt (2015：184-189, 221-223), Hostetler (1993：282-283).

⑵ *Mennonite Encyclopedia* I, p.164, Egli, Henry.

⑶ *Mennonite Encyclopedia* IV, p.647, Stucky, Joseph.

⑷ *Mennonite Encyclopedia* I, p.254, Beachy.

⑸ The Beachy Amish-Mennonites　http://www.beachyam.org/　閲覧日：２０１８年１月10日．

第10章　ビッグヴァリーのアーミッシュ

1　ビッグヴァリー

ペンシルヴァニア州中部にあるミフリン（Mifflin）郡に通称ビッグヴァリー（Big Valley）と呼ばれる長さ45キロ幅6キロの緩やかで肥沃な谷間がある。この谷間のアーミッシュの多様性はアーミッシュ研究者の注目を浴びている。ビッグヴァリーは、正式にはキシャコキラヴァリー（Kishacoquillas Valley）で、ショーニー（Shawnee）族の酋長のキシャコキラ（Kishacoquillas）の名前をとって1754年に名づけられた。地元では、省略してキッシュヴァリー（Kish Valley）、あるいはビッグヴァリーで知られている。

ビッグヴァリーには、アーミッシュより前にスコットランド系アイルランド人が入植しているが、スコットランド系アイルランド人とアーミッシュが、開拓期から現在も共存している地域でもある。

第5章では、マックニット家を例に挙げてスコットランド系アイルランド人のミフリン郡の入植について触れた。本章では、アーミッシュに焦点を当ててアーミッシュを発端とする多様な再洗礼派のグループについて紹介する。

2 ビッグヴァリーの再洗礼派の概観

ビッグヴァリーには、アーミッシュを中心に12もの再洗礼派の教派が棲み分け共存している。これらの再洗礼派のグループは、1791年にランカスター郡から移住した一つのアーミッシュのグループから始まっている。分派に分派を重ねアーミッシュからメノナイト、ブレザレン（Brethren）までの再洗礼派の多様性に富んだコミュニティを形成している。旧派アーミッシュと呼ばれる保守的なアーミッシュの馬車の色が、通常の黒色だけではなく白色の馬車に乗っているアーミッシュのグループ、黄色の馬車に乗っているアーミッシュのグループもある。幌のない馬車も走っている。北米、中米に存在するアーミッシュのコミュニティの中で、異彩を放っている。ミフリン郡のアーミッシュの分裂と多様性は、アーミッシュ全体の分裂のミニチュアのような様相を呈している。

左頁の下図は、ビッグヴァリーの12の再洗礼派を最も保守的なアーミッシュから最も進歩的なメノナイトまでをピラミッド図で表したものである。ネブラスカ・アーミッシュⅠが極めて保守的なアーミッシュで、メイプル・グローヴは再洗礼派の保守度が最も低く、その他のプロテスタントの

ビッグヴァリーの地図

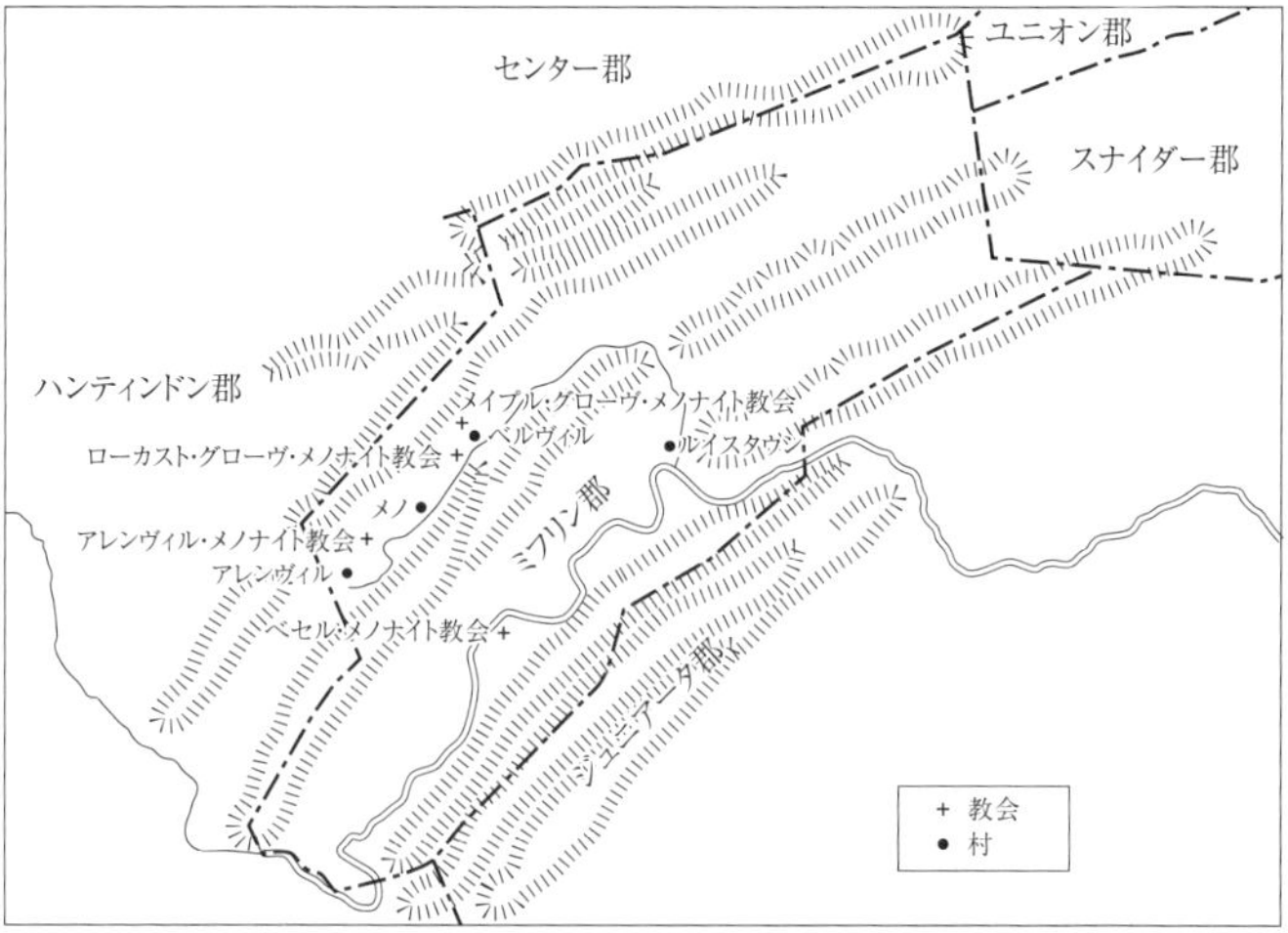

（Mennonite Encyclopedia Ⅲ,P683,Mifflin Countyの地図を基に作成）

ビッグヴァリーの12の再洗礼派のグループの保守度の配置

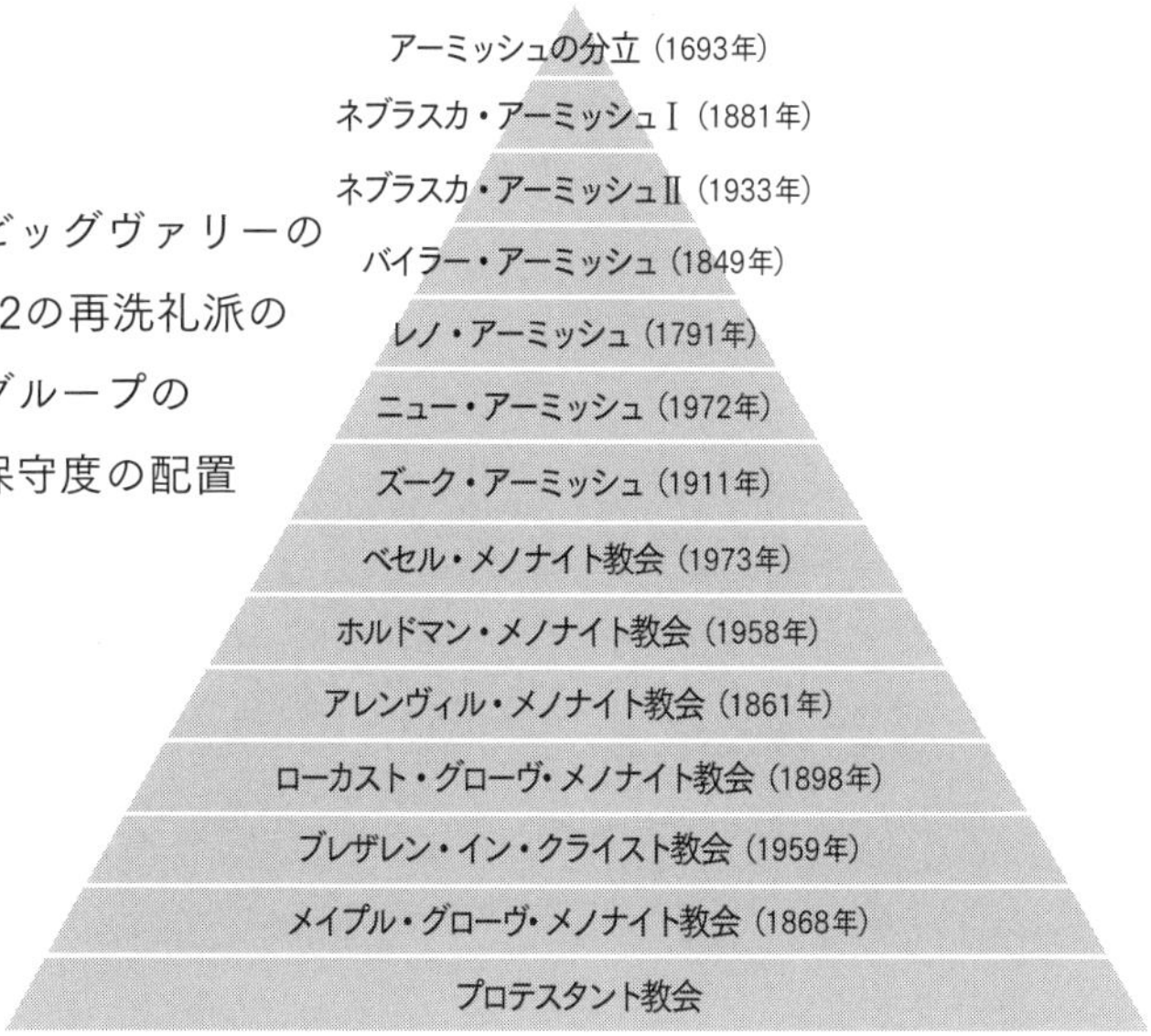

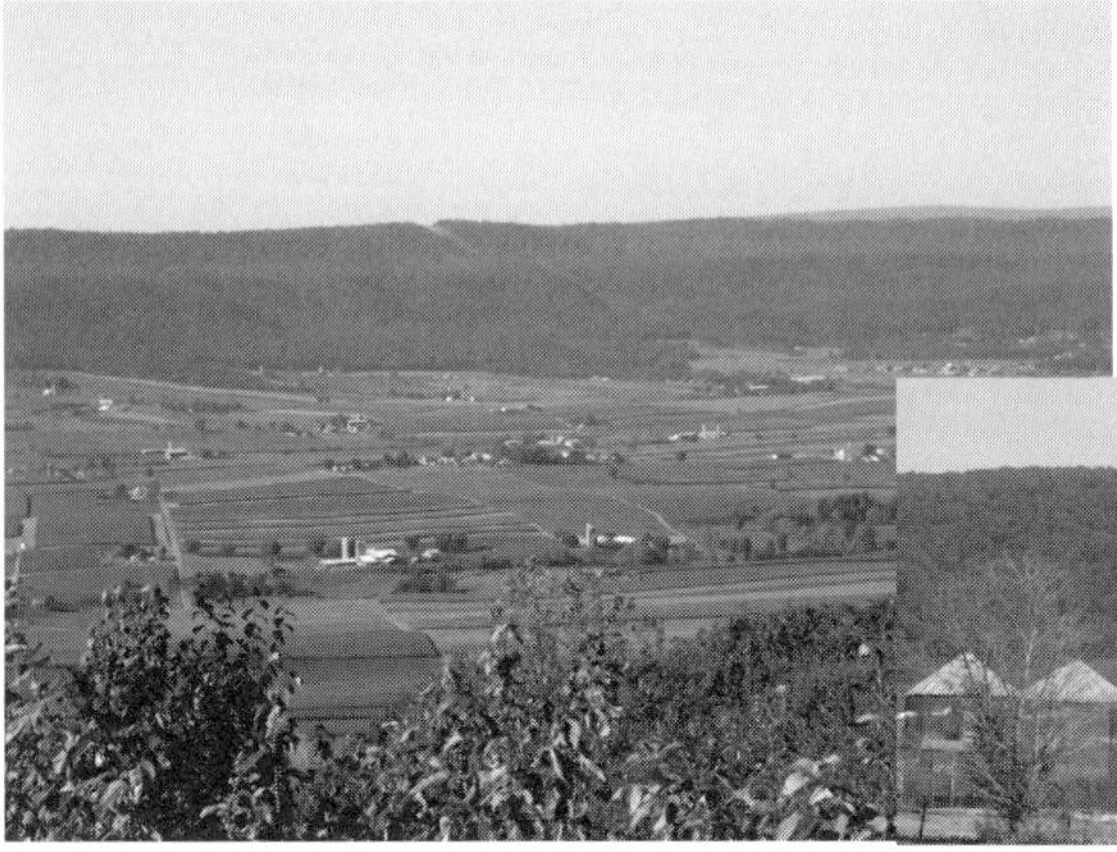

ビッグヴァリーの遠景

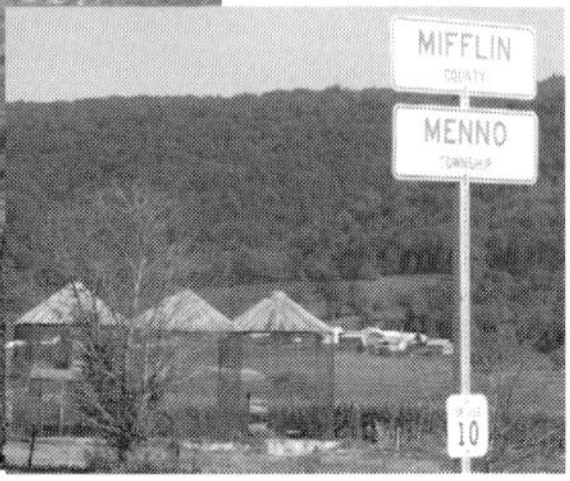

ミフリン郡のメノ村
（ビッグヴァリー）

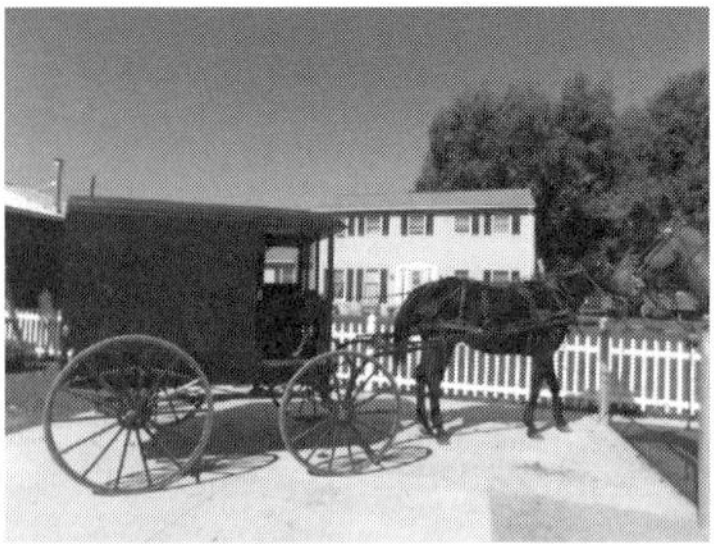

黒色の馬車

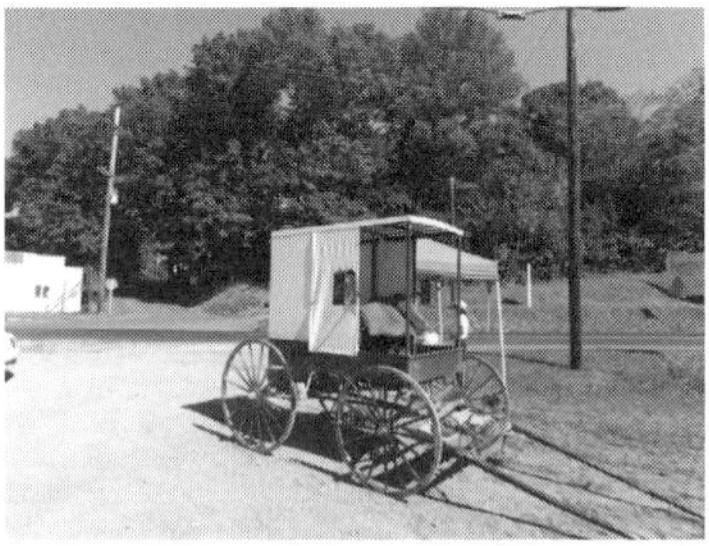

白色の馬車

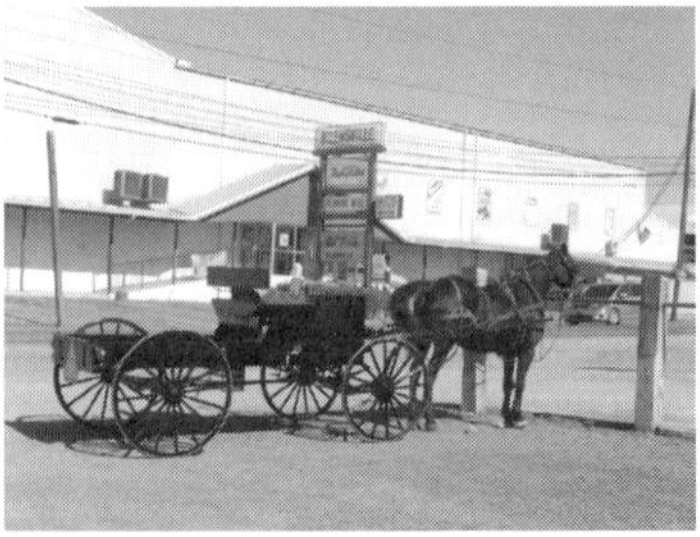

幌なし馬車

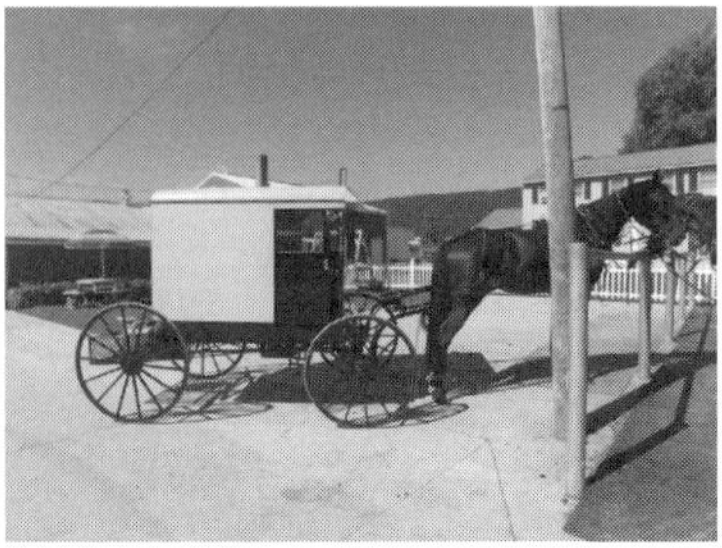

黄色の馬車

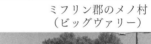

一歩手前である。保守度が一番高いアーミッシュの教区が古くからあるわけではない。所属している教区が進歩的になっていき、これをよしとせずに保守的なアーミッシュが教区を出て新しく保守度が高い分派を作るからである。

3　ビッグヴァリーの12の再洗礼派のグループ[1]

(1) ネブラスカ・アーミッシュⅠ（オールド・スクール・ヨーダー）（1881年）

1880年頃ビッグヴァリーがあるミフリン郡に隣接するジュアニタ（Juanita）郡のアーミッシュの監督のヨスト・ヨーダー（Yost H. Yoder）が、9家族を引き連れてネブラスカ州のゴスパー（Gosper）郡に移住して、オールド・スクール（Old School）と呼ばれる保守的な旧派アーミッシュの居住区を築いた。1881年にヨスト・ヨーダーは、ビッグヴァリーに戻って、アーミッシュの教役者の任命の補助をした。これを契機にヨスト・ヨーダーのネブラスカ州の教区からも数家族がビッグヴァリーの教区に移ってきた。この数家族の移住により、ヨスト・ヨーダーが支援したビッグヴァリーのアーミッシュのグループは、ネブラスカ・アーミッシュ（Nebraska Amish）と呼ばれるようになった。オールド・スクーラー（Old Schooler）と呼ばれることもある。ネブラスカ・アーミッシュと呼ばれるこのグループは、ビッグヴァリーのみならず北米・中南米のすべてのアーミッシュの中で最も保守的なアーミッシュである。

ネブラスカ・アーミッシュは、生活様式の保守性において顕著な特徴が見られる。馬車は白色の幌がついたもので、荷馬車に幌をつけたようなものである。男性は、白色のシャツ、ズボンは茶色のデニム、コートは鼠色、つばの広い帽子、サスペンダーやベルトなし、ズボンは後ろでたくし上げられている。女性の服は、他のアーミッシュと比べて裾が長く、地面につきそうである。色も地味な黒っぽい無地である。女性が農場で働く時は、200年前にスイスやアルザス地方で見られたスクープと呼ばれる農家の麦わら帽をかぶっている。冬になると女性は、マンデル（Mandel）と呼ばれるオーバーのような上着を着て、ショールは羽織らない。家屋内では、窓やドアのおおい、カーテンやカーペットも禁止されている。馬車は白色の幌の2人席の馬車である。白色の幌から、ネブラスカ・アーミッシュはホワイト・トッパーズ（white-toppers）とも呼ばれる。納屋の塗装はなく、家も多くは塗装がされていない。葬儀でもチーズやワインやパンが弔いの人にふるまわれている。

(2) ネブラスカ・アーミッシュⅡ（オールド・スクール・ズーク）（1933年）

1933年にこのオールド・スクーラーからズーク（Zook）派と呼ばれるアーミッシュが分派し、元々のヨーダー派とズーク派の2つのグループになった。外部からはズーク派もヨーダー派も見分けがつかないが、元々のヨーダー派とズーク派は宗教的な交流を持てないようにしている。ヨー

幌馬車のような白色馬車（前部）

幌馬車のような白色馬車の後部
と女性の裾が長い服（左端）

塗装なしの納屋

塗装なしの納屋

ダー派とズーク派にはそれぞれ監督がいて、礼拝は同じ日曜に行う。このため、一方が礼拝をしている日曜にもう一方が参加するというアーミッシュの伝統的な姉妹教区の交流ができないようにしている。

分派の理由は、教会員がアーミッシュでないアメリカ人の住んでいた家を購入し、その家にアーミッシュの家にない切妻壁の突出した屋根部分があり、その屋根部分を切り取るべきか否かであった。切り取らなくてもよいとの考えのズークがオールド・スクーラーから出て新しい教区のズーク派を作った。このズーク派は、1978年分裂し、その結果、ネブラスカ・アーミッシュは現在3つの分派がある。聖餐式の参加などの交流はなく、同じ白色の幌馬車のような馬車に乗って同じ服装をしているが、3つのグループは、独自に生活している。

(3) バイラー・アーミッシュ[2]（1849年）

バイラー・アーミッシュ（Byler Amish）は、黄色の馬車に乗っているアーミッシュで、別名、「古い教会」（die alto Gemee）や「豆スープ」（Bean soupers）アーミッシュとも呼ばれている。豆スープの語源は、礼拝時の昼食で豆スープを出すことによる。

バイラー・アーミッシュは、ネブラスカ・アーミッシュの前身のアーミッシュのグループである。ビッグヴァアリーのアーミッシュは当初は一つのグループで、最初の監督はハンス・バイラー（Hans Beiler）で1842年まで35年も務めていた。ハンス・バイラーの後継者のサミュエル・キング（Samuel B. King）は、教区全体を前任者のようにうまくまとめることができず、馬車の車輪のタイヤ使用を批判したことや礼拝の説教が長すぎることを理由に教役者のポストを外された。サミュエル・キングは、自分を支持するアーミッシュを引き連れて、バイラー・アーミッシュと呼ばれる保守的なグループを作った。前述のネブラスカ・アーミッシュは、1881年にこのバイラー・アーミッシュからさらに分派したアーミッシュである。

バイラー・アーミッシュの馬車の色は黄色で、イヤロー・トッパーズ（yellow-toppers）とも呼ばれる。男性のシャツも白以外で青が一般的である。男性の髪の長さは耳を覆っているが、ネブラ

前から見た黄色の馬車

横から見た黄色の馬車

後ろから見た黄色の馬車

スカ・アーミッシュの男性より短い。女性は茶色のボンネットをかぶり、マンデルを着用している。独身の男性は一人掛けの馬車に乗っている。家はペンキ塗装が施され、カーペットは敷かれていないが、カーテンは半分の長さで、ドアや窓のおおいは認められている。黄色の馬車も状態が良くきれいである。

(4) レノ・アーミッシュ（ピーチー・アーミッシュ）（1791年）

レノ・アーミッシュは、ビッグヴァリーに最初からいるアーミッシュのグループで、ランカスター郡のアーミッシュと交流関係にある。1862年に洗礼の場所が納屋か小川かで論争となって、ソロモン・バイラーが率いる小川洗礼派がレノ・アーミッシュから去った。アブラハム・ピーチーが率いる納屋派が残ったことから、レノ・アーミッシュはピーチー・アーッミシュとも呼ばれる。

白色の馬車のネブラスカ・アーミッシュや黄色の馬車のバイラー・アーミッシュより保守度が低い。馬車の色は黒なので、ブラック・トッパーズ

前から見た黒色の馬車

白色のペンキで塗られた家（右）と赤のペンキで塗られた納屋（左）

(black-toppers) と呼ばれる。男性のサスペンダーは1本で、髪は耳までの長さである。女性は黒のボンネットをかぶり、白の糊のついた祈禱帽をかぶり、黒のショールも許されている。未婚の思春期を過ぎた女性は、日曜の礼拝は白のエプロン (Halsduch) を着用している。髪は黒のおおいでおおわれている。納屋は赤で、家は白のペンキで塗られている。窓のおおいや半分の長さのカーテン、カーペットも敷かれている。

(5) ニュー・アーミッシュ（1972年）

1972年にニュー・アーミッシュ (New Amish)、正式には、オールド・オーダー・ヴァリー・ディストリクト (Old Order Valley District) と呼ばれるアーミッシュのグループを、レノ・アーミッシュやバイラー・アーミッシュから出たアーミッシュが集まって起こした。罪から救済されることの意味についての勉強を始めることになり、教役者のクリスチャン・ピーチー (Christian Peachey) とエズラ・カナジー (Ezra Kanagy) が中心となって、17家族が出てニュー・アーミッシュを作ったのである。

ニュー・アーミッシュは、救済について漠然とした希望ではなく、個人個人のレベルで救われるという確信を持つことが重要であると主張した。レノ・アーミッシュやバイラー・アーミッシュの教区では、ニュー・アーミッシュの考え方は危険だと考える者もいたが、それよりも教区が分裂するのではないかとの危惧の方が強かった。

エズラ・カナジーの救済の考え方の根底には、息子の死があった。息子のアキラ（Aquilla）は、馬に蹴られて、38日間の入院後に黄色ブドウ球菌感染で死んだ。アキラは、死の床にあって父親のエズラに、イエス・キリストは自分を慰め、自分が正しい道にあるとのお告げがあったと言った。アキラは、妻にサタンが自分のところに来たが、イエス・キリストが来てサタンから引き離してくれ、素晴らしいものを見せて下さったと言った。父親や妻は、アキラは救われたと確信した。エズラは分派にあたって、「新しい誕生」を理念と考え、ニュー・アーミッシュという名前がふさわしいと思った。しかし、エズラの考えは、旧派アーミッシュの宗教理念から逸脱しており、危険思想と見なされた。

ニュー・アーミッシュは、監督のクリスチャン・ピーチーがホルデマン・メノナイト（Holdeman Mennonite）に加わり、エズラ・カナジーがオハイオ州に移住すると、消滅してしまった。

(6) ズーク・アーミッシュ（ヴァリーヴュー・アーミッシュ・メノナイト）（１９１１年）

ランカスター郡に、後にキング・アーミッシュ（King Amish）と呼ばれる小さなアーミッシュのグループがあった。１９１０年頃、キング・アーミッシュには監督がいなかった。教義上の違いが生じたようで近隣の教区ではなくミフリン郡のビッグ・ヴァリーのレノ・アーミッシュの教役者に支援を求めた。レノ・アーミッシュには、ジョン・ズーク（John B. Zook）、サミュエル・ピーチー（Samuel Peachey）、ディヴィッド・ピーチー（David Peachey）の３人の監督がいた。３人の監督は、それぞれの教区でキング・アーミッシュを支援すべきか否かについて会議を開催して決めることにした。ズークの教区は、ズークの強い指導力により支援可となった。ディヴィッド・ピーチーもサミュエル・ピーチーも支援に消極的だったので、支援不可という自分たちの提案に対して教区の賛否を問うという方式をとった。それぞれの教区で支援不可を表明するアーミッシュが多くなり、この2人の監督は意見がまとまらなかったとして、キング・アーミッシュを支援しないという結論を出した。一方、ズークの教区は、キング・アーミッシュの支援をすることになり、これを契機にレノ・アーミッシュから分派することになった。

ズークの教区は、分派した1911年から暫くの間、サスペンダーが2本とか女性のドレスの丈が短め、セーターやジッパーのあるジャケットなどの保守度の若干の低さはあるものの、アーミッシュの伝統的な生活様式であった。1948年に電気の使用を認め、1954年に車の使用まで認めた。車の使用は、教区のスティーブ・ズーク（Steve Zook）が車を購入し、隣村のベルヴィル（Belleville）に隠し持っていたが、見つかってしまった。大問題となり、スティーブ・ズークに対する社会的忌避の声が高まった。一方、車の所有を希望してアーミッシュではなくメノナイトの教会で洗礼を受ける若者の数が増加しているという実態もあった。監督のジェシ・スパイカー（Jesse Speicher）の采配で、教区全体で車の使用を認めるようになった。1962年には教会堂を持った。ズークの教区は、監督の苗字をとってスパイカー・グループとも呼ばれ、後にビーチー・アーミッシュに合流した。

著名なアーミッシュ研究者のジョン・ホステトラー（John A. Hostetler, 1918-2006）は、ビッグヴァリーのレノ・アーミッシュのディヴィッド・ピーチー監督の教区の出身である。[3] ズーク・アーミッシュの分派の1911年にはホステトラー氏はまだ生まれていなかったが、幼少期は、電気や車の使用の可否を巡る論争、メノナイトに流れていく若者の数の増加、それにまつわる社会的忌避の実施の程度など、レノ・アーミッシュの教区全体が揺らいでいる時期であった。1930年にホステトラー氏の父親は社会的忌避を受け、[4] 家族でアイオワ州に移った。社会的忌避の理由は明らかにされていない。その5年後の1935年にホステトラー氏はメノナイト教会で洗礼を受け、アーミッシュの洗礼を受けることはなかった。

アーミッシュについてメノナイトの研究者の優れた研究が数多くあるが、ホステトラー氏の *Amish Society*（1963, 1968, 1980, 1993 The Johns Hopkins University Press）を超えるものはない。なぜならば、アーミッシュの最も本質的な理念である社会的忌避を家族として苦しみながら受け止めた経験、その経験を踏まえてアーミッシュ社会を社会学の手法で分析する研究力、これらを備えたアーミッシュ研究者はいない。

(7) ベセル・メノナイト教会（1973年）

ベセル・メノナイト（Beth-El Mennonite）教会は、1973年にエルロズ（J. Ellrose）が築いた保守的なメノナイトの教会である。1861年設立のアレンヴィル（Allenville）にあるアレンヴィル・メノナイト教会[5]の数家族がアレンヴィルの進歩的な流れに抵抗を持ち、アレンヴィル・メノナイト教会を静かに去ってベセル・メノナイト教会の設立に関与した。アレンヴィル・メノナイト教会は、ミフリン郡のアーミッシュの間の洗礼を納屋でやるのか小川でやるのかという論争があった時に、分派してできたメノナイト教会である。女性の服装はアーミッシュのような簡素なもので、男性も襟なしのシャツ、ネクタイを使用しない簡素な服装であった。21世紀になると、ベセル・メノナイト教会[6]の信者は、男女とも一般的なアメリカ人の服装である。

(8) ホルドマン・メノナイト教会[7]（１９５８年）

ホルドマン・メノナイト（Holdeman Mennonite）教会は、１９５８年に設立されたが、その前身と言うべきチャーチ・オブ・ガッド・イン・クライスト・メノナイト（Church of God in Christ Mennonite）は、１８５９年にオハイオ州ウェイン郡でジョン・ホルドマン（John Holdeman）が設立している。ビッグヴァリーにホルドマン・メノナイト教会ができたのは、１９５８年のことである。チャーチ・オブ・ガッド・イン・クライスト・メノナイトの信者がビッグヴァリーを巡回している時に、レノ・アーミッシュの監督の息子のイライ・レノ（Eli Renno）と接触し、廃屋になっていた校舎で会議を開いたのが始まりである。再洗礼派の無抵抗は維持しているが、「悔い、赦し、新しき誕生」などプロテスタントの信仰復興運動の影響を強く受けている。旧派アーミッシュの教区からプロテスタント的思想を問題視され、ホルドマンのグループに加わった。自動車の所有、農機具の近代化が進んでいるが、服装にはアーミッシュの影響が若干残っている。

(9) アレンヴィル・メノナイト教会[8]（1861年）

ベセル・メノナイト教会でふれたアレンヴィル・メノナイト（Allenville Mennonite）教会は、ビッグヴァリーのアーミッシュが、洗礼を納屋で行うのか小川かで分裂した時の、小川での洗礼を主張した進歩的なグループまで遡る。1861年にソロモン・バイラー（Solomon Byler）によって設立され、ヨスト・ハルツラー夫妻（Yost & Barbara Hartzler）が提供した土地に集会場が建てられた。ビッグヴァリーの中心を走る道（Rt 655）沿いにあるので、見つけやすい。祈禱帽や模様のある伝統的なメノナイトの服装をしている人はほとんどいない。

(10) ローカスト・グローヴ・メノナイト教会[9]（1898年）

ローカスト・グローブ・メノナイト（Locust Grove Mennonite）教会が、アレンヴィル・メノナイト教会から1898年に監督のアブラハム・ズーク（Abraham D. Zook）の指導の下で設立された。設立理由は、アレンヴィル・メノナイト教会などの変革が急すぎるということであった。当初は、アレンヴィル・メノナイトより保守的な服装をしていたが、今では一般のアメリカ人の服装となっている。大学進学も認められている。現在の教役者の苗字に、ヨーダー、ズーク、カウフマンといったアーミッシュの苗字が見られる。

⑾ ブレザレン・イン・クライスト教会[10]（1959年）

1959年にベルヴィル（Belleville）というビッグヴァリーの中心を走る道（Rt 655）沿いの町に教会堂を作ったのがその始まりで信仰復興論者である。ブレザレン・イン・クライスト（Brethren in Christ）は、もともとはランカスター郡マリエッタ（Marietta）で1755年から1788年の間に設立されている。ビーチー・アーミッシュとの交流もある。

⑿ メイプル・グローヴ・メノナイト教会（1868年）

メイプル・グローヴ・メノナイト（Maple Grove Mennonite）教会は、1868年にソロモン・バイラーの指導の下で設立されている。ビッグヴァリーの再洗礼派の中でも最も進歩的な再洗礼派で、プロテスタントとの境界にあるといってよい。

4　むすび

先住民の酋長の名前からつけられたキシャコキラヴァリー、別名、ビッグヴァリーには、アーミッシュから派生した再洗礼派の12のグループが住んでいる。その生活様式は多様性を極めている。学校や墓地は他のアーミッシュとそれほど変わらない。次頁の写真の学校はネブラスカ・アーミッシュの学校である。先生が左側の建物の校舎内で準備をしているようで、先生の白馬車が駐車してある。墓地には小さな墓石がたくさんあり、草で覆われていて山羊が草を食べている。もう1枚の写真の墓石2つの前は草がなく新しい土があることから、最近葬られた人の墓のようである。

学校

墓地

最近葬られた人の墓

旧派アーミッシュのコミュニティでは、一般的に自転車は禁止されているが、ビッグヴァアリーのアーミッシュは自転車を使用している。ただ、次頁の上の写真の自転車のように一般の自転車とスタイルが異なっている。自転車の後ろの納屋は塗装がされていないので、ネブラスカ・アーミッシュの家である。下の写真の左側の納屋は赤色のペンキが塗ってあり、向こうに見える納屋も赤

ネブラスカ・アーミッシュの家とその敷地前の自転車

レノ・アーミッシュの赤い納屋と裸足のアーミッシュの女の子

色である。レノ・アーミッシュである。女の子2人が掃き掃除をしている。写真でははっきり見えないが、女の子は裸足である。アーミッシュの女性や子どもは裸足のことが多い。

　アーミッシュの居住区に入ると減速を求める交通標識が出てくる。黄色の菱形のような形をした交通標識に黒い馬と馬車のイラストがある。その下に「NEXT 16 MI」という文字が書いてある小さな長方形の標識がついている。ここからは馬車が走るので、時速16マイル（25キロ）に減速しろという意味である。ビッグヴァリーの馬車は、黒色、黄色、白色だけでなく、幌のない馬車もある。アーミッシュの馬車は1頭立てであるが、ビッグヴァリーには2頭立ての馬車もある。2頭立ての馬車からビッグヴァリーと呼ばれるキシャコキラヴァリーのアーミッシュが豊かなアーミッシュであることがわかる。

　保守的なアーミッシュは、銀行に口座を開くこともなく、また、不動産の購入にあたって銀行から融資を受けるようなことはしない。ビッグヴァリーのアーミッシュも、農場や家屋のような高額物件の購入も現金で一括で支払う。周りにいるスコットランド系アイルランド人（の子孫）は、「アーミッシュは金をしっかり持っとる」と言って、羨ましがっている。

アーミッシュの村の入口にある
交通標識

とうもろこし畑のわきを走る
幌なし馬車

後ろから見た黒色の馬車とその
中のアーミッシュの父子

町なかを走る幌なし馬車

後ろから見た黄色の馬車

前から見た２頭立て馬車

後ろから見た白色の馬車

横から見た２頭立て馬車

アーミッシュの男性はズボン吊り（サスペンダー）をつけている。ズボン吊りは、前から見ると2本のベルトが後ろで交差している。ビッグヴァリーのアーミッシュは、そもそもサスペンダーをつけないアーミッシュ、サスペンダーが1本だけのアーミッシュ、一般的な2本のサスペンダーのアーミッシュがいる。サスペンダーの有無、有る場合にはその本数が教区の保守度を表している。保守度が最も高いネブラスカ・アーミッシュはサスペンダーを使用しない。レノ・アーミッシュの場合は1本だけを使用する。それ以外のアーミッシュは通常の2本のサスペンダーをつけている。

前から見た幌なし馬車とズボン吊り1本のレノ・アーミッシュの男性

後ろから見た幌なし馬車とズボン吊り1本のレノ・アーミッシュの男性

ビッグヴァリーは、分派の歴史、生活様式の多様性、まさにアーミッシュの縮図のようなところである。

注

(1) Hostetler (1993：292-299).
(2) Yoder (1963：2-3).
(3) Yoder (1963：4).
(4) State College University Library, John A. Hostetler papers.
(5) Allenville Mennonite Church のＨＰ　http://www.allensvillemennonite.org/tp40/page.asp?ID=197506　閲覧日：２０１８年１月13日
(6) Beth-El Mennonite Church のＨＰ　http://www.bethelmennonite.org/　閲覧日：２０１８年１月13日
(7) Church of God in Christ のＨＰ　https://churchofgodinchristmennonite.net/en　閲覧日：２０１８年１月13日
(8) Allenville Mennonite Church のＨＰ　http://www.allensvillemennonite.org/tp40/page.asp?ID=197506　閲覧日：２０１８年１月13日
(9) Locust Grove Mennonite Church のＨＰ　http://locustgrovemc.org/new/contact--general-info　閲覧日：２０１８年１月13日
(10) Brethren in Christ のＨＰ　https://bicus.org/about/history/　閲覧日：２０１８年１月13日

第11章　アーミッシュの社会的制裁

1　社会的忌避の事件

社会的制裁は、アーミッシュにとって生殺与奪に値するものである。忌避を実践しているアーミッシュにとって、信仰生活の維持のために実施せざるをえないが、アーミッシュ以外の者には明らかにしたくないものである。このため資料が乏しい。本章では、1940年代の古い事件ではあるが、公の記録のある2つの事件から社会的忌避が生んだ悲劇的結末を紹介する。自殺者が出てしまったアンドリュー・ヨーダー事件、精神病発症の可能性があるサミュエル・ホクステトラー事件を取り上げて、アンドリュー・ヨーダー事件からは社会的制裁から生じた結果、サミュエル・ホクステテトラー事件からは社会的制裁の回避によって生じた結果について論じる。

2 アンドリュー・ヨーダー事件

(1) 事件の概要

オハイオ州ウェイン郡のノース・ヴァリー（North Valley）の旧派アーミッシュの教区に、アンドリュー・ヨーダー（Andrew Yoder）という名のアーミッシュがいた。乳児のリッジー（Lizzie）の体が弱く、25キロ離れたウースター（Wooster）で定期的に医療の治療を受ける必要があった。25キロという距離は、馬で行ける距離ではないので、車の所有が認められているバンカー・ヒル（Bunker Hill）のビーチー・アーミッシュの教会員になりたく、1942年7月1日からビーチー・アーミッシュの教会に行くようになった。

アンドリュー・ヨーダーが所属する旧派アーミッシュの教区の教役者は、ヨーダーの家に赴き、ビーチー・アーミッシュの教会に行くようになった理由を尋ねたが、ヨーダーは特に説明をしなかった。そこで、教役者は、ヨーダーに礼拝に来て釈明するように通知を出したが、ヨーダーは礼拝に行かなかった。教役者は、再度、通知を出したが、ヨーダーは釈明に教会に行くことはなかった。

アンドリュー・ヨーダーは、ビーチー・アーミッシュの教会に行ったということで、旧派アーミッシュの教会を破門された。引き続き社会的忌避も行われ、ヨーダーは、教区の旧派アーミッシュから徹底的に無視されるなどの社会的忌避の制裁を受けていた。教区に住むヨーダーの親族がヨーダーと接触を持つことも禁止された。親族が、教会の禁止を無視してヨーダーと交流すると、教役者は、その親族に破門、社会的忌避の対象になると脅しのような助言をした。ヨーダーは、教区内でまったく孤立してしまった。

4年後の1946年7月に、ビーチー・アーミッシュの教区の説教者のエブナー・シュラバック(Abner Schlabach)は、ヨーダーがいた旧派アーミッシュの教区の監督のジョン・ヘルムス(John Helmuth)に、ヨーダー夫婦は、ビーチー・アーミッシュの教区で尊敬を集めている立派な信者であるので、社会的忌避を解除するように要請した。しかし、旧派アーミッシュの教区のヘルムスからは何の返事もなかった。

そこで、ヨーダーは、アーミッシュの教育裁判で実績のあるジョーンズ(Charles C. Jones)弁護士に相談した。ジョーンズ弁護士は、1946年11月に、ヘルムスに書簡を送り、直接に会談して、ヨーダーの社会的忌避の解除を要請した。しかし、それでも、何の進展も見られなかった。

1947年2月、4人の教区の教役者、ジョン・ヘルムス(John Helmuth)、ジョン・ニスリー(John Nisley)、アイサック・ミラー(Isaac Miller)、エマニュエル・ウェンガード(Emanuel Wengerd)を相手に、ヨーダー夫妻が社会的忌避により被った損害賠償10000ドル(合計40000ドル)と社会的忌避の解除を求める訴訟(the Common Pleas Court of Wayne County)を提起した。ヨーダーにはジョーンズ弁護士が代理人を務めたが、旧派アーミッシュの教役者である被告らは本人訴訟で受けた。

1947年11月、陪審員はヨーダーの損害賠償を認める評決を下した。ただ、損害賠償の金額は合計40000ドルから5000ドルと大幅に減じた。しかし、被告の4人の教役者は賠償金を払おうとしなかった。そこで、保安官は、まず、監督であるヘルムスの農場を競売にかけた。ヘルムスの農場の売却代金は5000ドルに達しなかった。すると、ジョン・ニスリー（John Nisley）という偽名で評価額の残金を支払う人がいた。残り3人の教役者は農場を手放さずにすんだ。社会的忌避については、裁判官は解除するように教役者の被告らに命じた。

ヨーダー勝訴に終わった事件であるが、社会的制裁を加えた側、受けた側にとって不幸な結末になった。農場を失ったヘルムスは、悲嘆のあまり死んでしまった。ヨーダーの病弱の娘のリッジーも判決後に死んだ。その後、ヨーダー自身も自殺をしてこの世を去った。

(2) 社会的忌避の結末

アーミッシュの社会的忌避は法的に有効なのであろうか。アンドリュー・ヨーダー裁判では、裁判所は、社会的忌避そのものの有効性について直接的な判断はしなかった。原告は旧派アーミッシュの教区の教会員ではなかったので、被告ら教役者には原告に対して管轄権がないと述べている。教会員の脱会にあたっては教役者の応諾が必要という会則（教会戒律）があるのならば、原告への社会的制裁は正当化されるが、そういう会則がない以上、原告は脱会した時点で教会員でない。このため、社会的制裁を科すことができないと結論している。

一方、被告らは、原告は、洗礼にあたってどのような状況であれ教会を去る時は社会的忌避をされることについて十分に知っていたと主張した。さらに、原告が提起した訴訟は、司法の力を使って、教会に神と教会員との関わり方について強制するものである。信仰の契約は神と教会員との間でなされたものであり、教会員が戒律を破ったことによって受ける社会的制裁は、神と教会員との間のことであって、教会には神の意向に沿った社会的忌避を解除する権限はない。アーミッシュの社会的忌避は連邦憲法より古いことも付け加えていた。

確かに、旧派アーミッシュが洗礼を受ける時に教会員をやめれば社会的制裁を受けることは知らされている。よって、ヨーダーもビーチー・アーミッシュの教会に行くこと、それによってもたらされる重大な結果も十分に予想していたという被告の主張は正しい。ただ、通常の会の入会や脱会と異なって、アーミッシュの家に生まれたアーミッシュの子どもは、アーミッシュになることを期待されて育っているので、洗礼を受けないという選択肢が十分に保障されているとは言い難い。入会について自由な選択肢がないなかで会員となり、後に脱会（改宗）したという理由で破門されるのは相当であるが、日常生活にまで及ぶ社会的忌避を科すことは酷であると思われる。

特に、改宗の理由が、子どもの通院のための自動車の所有であるならば、自動車の所有を認めない旧派アーミッシュの教会戒律は、家族の犠牲も厭わないことになる。子どもの通院のために車が必要というのは、一般社会では同情を集める論点であるが、アーミッシュの社会では車に乗せてもらえるように手配すればよいということから、改宗がやむをえないという判断にならない。しかし、アーミッシュでない者に依頼して長期間にわたって定期的に交通手段を確保するというのは、経済面も含めて現実的に相当困難が伴う。

さらに、科せられた社会的忌避により、忌避された原告は、教会員として教区に残っている親族との交流が禁止されているのは、不当であると言わざるをえない。アンドリュー・ヨーダーは、同じ教区の実父の農場を借りていたので、実父との交流は親族関係の交流だけでなく生活面でも必要なものであった。社会的忌避は、当該脱会者のみならず、その親族まで実質的に制裁を科していることになる。

洗礼を受けたアーミッシュがアーミッシュでない者との結婚や外界に出ることを理由に教会員をやめる時は、信仰だけでなく住む場所もその教区から変わることが多い。よって、教区のアーミッシュから無視されることや、教区に残っている親族が日々監視されることもない。しかし、ヨーダーの場合は、農場をアーミッシュの実父から賃借しており、生活のために教区に残らざるをえなかった。このため、受ける社会的制裁の程度が大きかった。アーミッシュは、逸脱したと見なす者を徹底的に排除して、コミュニティの宗教的純粋性を保つ。農業を基盤としたコミュニティであるため、社会的制裁は、逸脱者を未然に防ぐ抑止効果がある。

3　サミュエル・ホクステトラー事件

(1) 事件の概要

1948年にインディアナ州エルクハート郡で起きたホクステトラー事件は、国内ばかりでなく海外の新聞でも大々的に取り上げられた事件である。

サミュエル・ホクステトラー（Samuel D. Hochstetler）は、インディアナ州エルクハート郡クリントン村（Clinton Township）の旧派アーミッシュの監督であった。1948年1月22日にサミュエル（当時75歳）は、娘のルーシー（Lucy：当時41歳）に対する暴行殴打罪（assault and battery）で逮捕された。ルーサー・ヨーダー（Luther W. Yoder）保安官の発表では、サミュエルは、アーミッシュをやめたがっていた娘を採光、衛生、換気が不備な部屋に数年にわたってベッドに鎖でくくりつけて監禁したということであった。逮捕の翌日に開かれたエルクハート巡回裁判所の判決では、サミュエルにプトヌムヴィル（Putnumville）の農場刑務所での6カ月の懲役刑が言い渡された。

クリントン村近くの一番大きな町であるゴーシェン（Goshen）地方の新聞では、ベッドに鎖でくくりつけられているルーシーの写真を掲げた記事で事件について報道した。このセンセーショナルな報道に対して、サミュエルの息子のイラム（Elam）は、ルーシーがアーミッシュをやめたがっていたという事実はないという声明をいくつかの新聞に出した。
メノナイトの教授であるガイ・ハーシェバーガー（Guy F. Hershberger）とジョン・アンブル（John Umble）は、精神病院のような公的施設に頼らずに家族で統合失調症の病人を介護するというアーミッシュの伝統的な方針がアメリカ社会で理解されていないと主張して、サミュエルの赦免運動を始めた。赦免運動は功を奏して、１９４８年4月15日にサミュエルは3カ月たたずに釈放された。以上が、ホクステトラー事件の顛末であるが、以下に供述調書などの捜査関係者の資料から解説する。

被害者のルーシーは、１９０６年2月10日、インディアナ州のブラウン郡（Brown County）で生まれた。１９１１年にサミュエル一家はブラウン郡から元々居住していたエルクハート郡に戻った。ルーシーは、クリントン村の公立学校に通学し、15歳の時の１９２１年に洗礼を受けた。

ルーシーは、16歳になると同級生のメノナイトのロイド・ミラー（Lloyd Miller）と交際するようになった。ロイドがアーミッシュではないことから2人の交際は教会戒律に違反する行為となった。ロイドとルーシーは、ルーシーの家族に交際が見つからないように細心の注意を払っていた。

ある特別の夜に、ロイドはルーシーにチョコレートとスカーフをプレゼントした。ルーシーは、ロイドからのプレゼントを大事に机の引き出しにしまっていた。ところが、母親のマグダレーナ（Magdalena）がこのプレゼントを見つけ、ルーシーに問い質した。ルーシーは、ロイドのことをすべて話した。マグダレーナはひどく怒り、ルーシーを叩き、プレゼントを燃やし、ロイドには二度

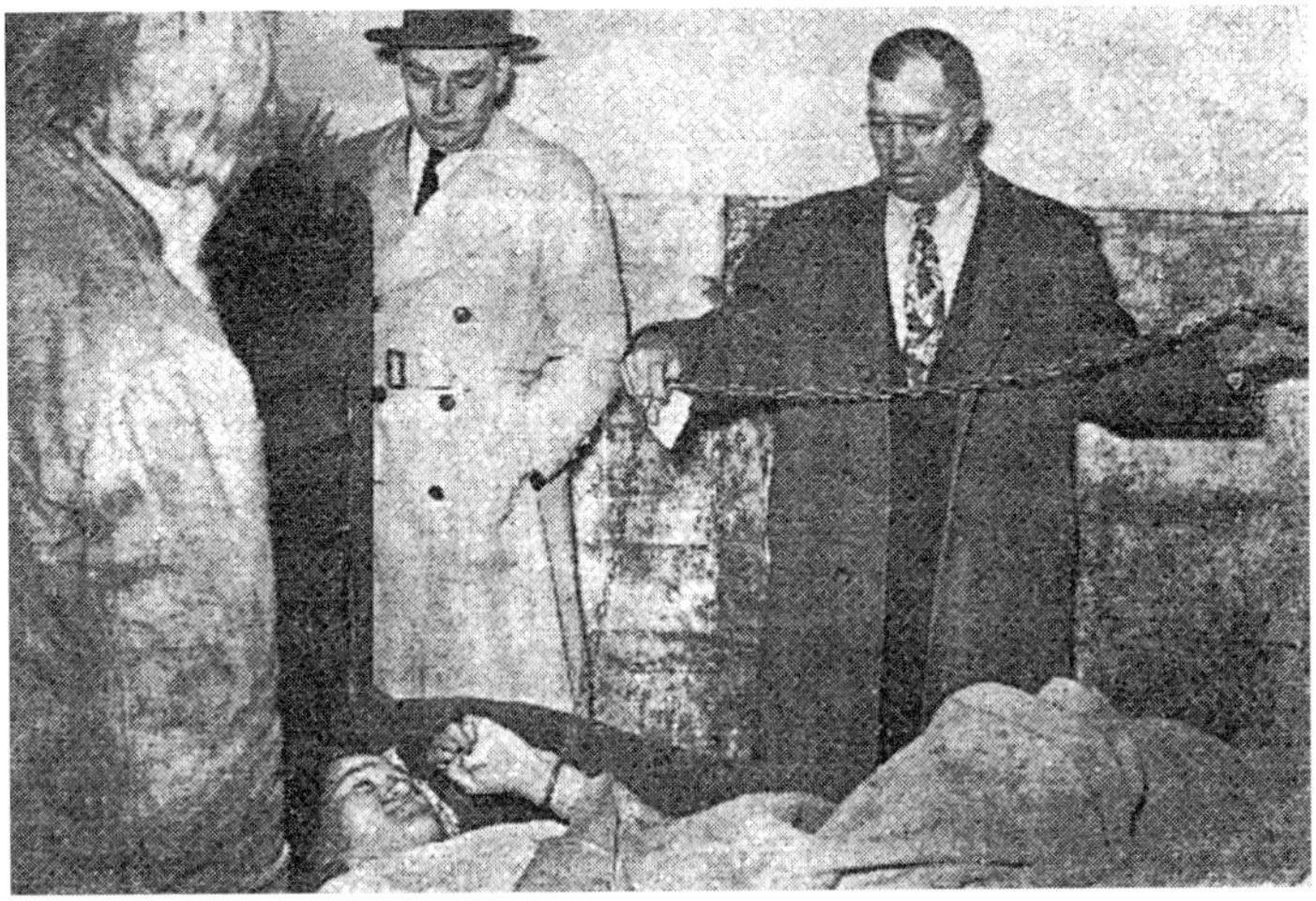

左から時計回りに、後ろ姿のサミュエル、１人おいて、鎖を持ったヨーダー、寝ているルーシー

と会うなと言った。

ロイドと会えなくなり、ルーシーは家出をした。ゴーシェンで家事手伝いの仕事を見つけ、ロイドとの交際を続けていた。1カ月後、サミュエルとマグダレーナはルーシーの所在をつきとめ、家に連れ戻した。ロイドは、サミュエルの家にルーシーに会わせてくれとルーシーの家まで来たが、怒鳴られて追い返された。

ルーシーは、ロイドとの交際を禁止されてからも家出を試みていたが、家から1マイル（1・6キロ）も行かないうちに、いつも見つかり連れ戻された。以降、サミュエルとマグダレーナは、ルーシーが庭で草取りをする時も、縄でくくりつけるようになった。ルーシーは、縄を歯で噛み切って逃げようとしたので、両親は、ついに鎖でくくりつけるようになった。

ロイドとの交際禁止後、ルーシーには舞踏病と呼ばれる病状が出始め、時間を経て統合失調症を生じた。近所のアーミッシュは、ルーシーはアーミッシュをやめていたがっていたことを知っていた。

家族によると、ルーシーの凶暴性は悪化の一途であった。それに応じた対応をせざるをえなくなった。食べ物を部屋の中で撒き散らすので、壁は油布で覆った。ベッドのマットレスを噛みちぎるので、マットレスでなく藁を使うようになった。マグダレーナは、ルーシーの看護を1人で担った。精神病院に入れてはという意見が家族や親族間で出ると、「自分でできる間はルーシーの世話をずっとしていきます。自分ができる限りは、この負担を他の人に背負わしたくありません」と言っていた。

サミュエルの逮捕後、ルーシーはロガンズポート（Logansport）にあるロングクリフ精神科病院（Longcliff Asylum for the Insane）に入院し、1972年には退院するまでに回復した。サミュエルは、減刑されて教区に戻り、元の監督に復帰した。

(2) 社会的忌避の回避

ルーシーは、ロイドとの結婚を考えていたと考えられる。アーミッシュでない者との交際及び結婚は、教会戒律違反となる。サミュエルは、教区の監督であるので、娘の教会からの破門、コミュニティ内における社会的忌避を率先して行わなければならない立場にあった。娘を心から愛し、アーミッシュの教義を信奉している両親にとっては、認められるべき交際ではなかった。さら

ルーシー・ホクステトラー（左）と、聖書を手に持っているサミュエル・ホクステトラー。２枚とも事件直後の撮影

に、アーミッシュは神に選ばれた民であると信じていたので、娘を家に監禁してアーミッシュをやめるのを阻止するのが娘の幸福につながると考えていたと思われる。

ルーシーは、何度も家出をしている。また、舞踏病、そして統合失調症にかかっている。これは、ロイドとの交際の禁止が原因とも考えられる。ルーシーの交際を認めれば、ルーシーは病気にかからずにすんだかもしれない。ルーシーがもしロイドと結婚したら、ロイドのいるところに住むことになるので、アンドリュー・ヨーダーのように、アーミッシュの教区内に住み続けるわけではない。よって、社会的忌避の影響もヨーダーに比べると少ない。

アーミッシュでない者の世界に惹かれたアーミッシュの女性が、教会戒律を破ってアーミッシュでない青年と結婚して教区を去る例は多い。

インディアナ州ではないが、ペンシルヴァニア州ランカスター郡の1920~1929年のアーミッシュ離脱率は、21・7%である。この数値は、2割強と比較的高い数値であるが、洗礼前にアーミッシュの教区を去る者の比率を示している。ルーシーの両親は、娘が洗礼を受けた後なので、娘のために監禁してまでも社会的忌避を回避したのである。

4 むすび

社会的忌避の実践抜きには、アーミッシュの厳格な忌避を維持できない。原理的に厳格であろうとすれば、アンドリュー・ヨーダー事件のような悲劇が起きてしまう。また、サミュエル・ホクステトラー事件のように、社会的忌避の回避はできたものの、当事者の娘の一生は悲劇であったと言わざるをえない。ルーシー・ホクステトラーの場合、社会的忌避の制裁を受けてアーミッシュの村を去った場合、メノナイトの男性との結婚はできても、生家とは絶縁になってしまう。アーミッシュの教義の実践には大きな代償が伴うのである。

第12章　人口増加

1 自然増

(1) 人口増加

アーミッシュの人口は、20世紀以降激増している。1900年は6000人程度だったのが、2016年には30万8030人である[1]。1960年以降、アーミッシュの人口は20年毎に倍増している。当然のことながら、アーミッシュの住む地域も拡大している。

アメリカの50ある州のうち31州にアーミッシュの居住地がある。カナダにも3州あり、2016年には「赤毛のアン」で有名なプリンス・エドワード島州にも2つの居住地ができた。北米だけではなく南米でも2015年にアーミッシュの居住地ができ、ボリビアとアルゼンチンに一つずつあ

アーミッシュ人口（1901～2012年）

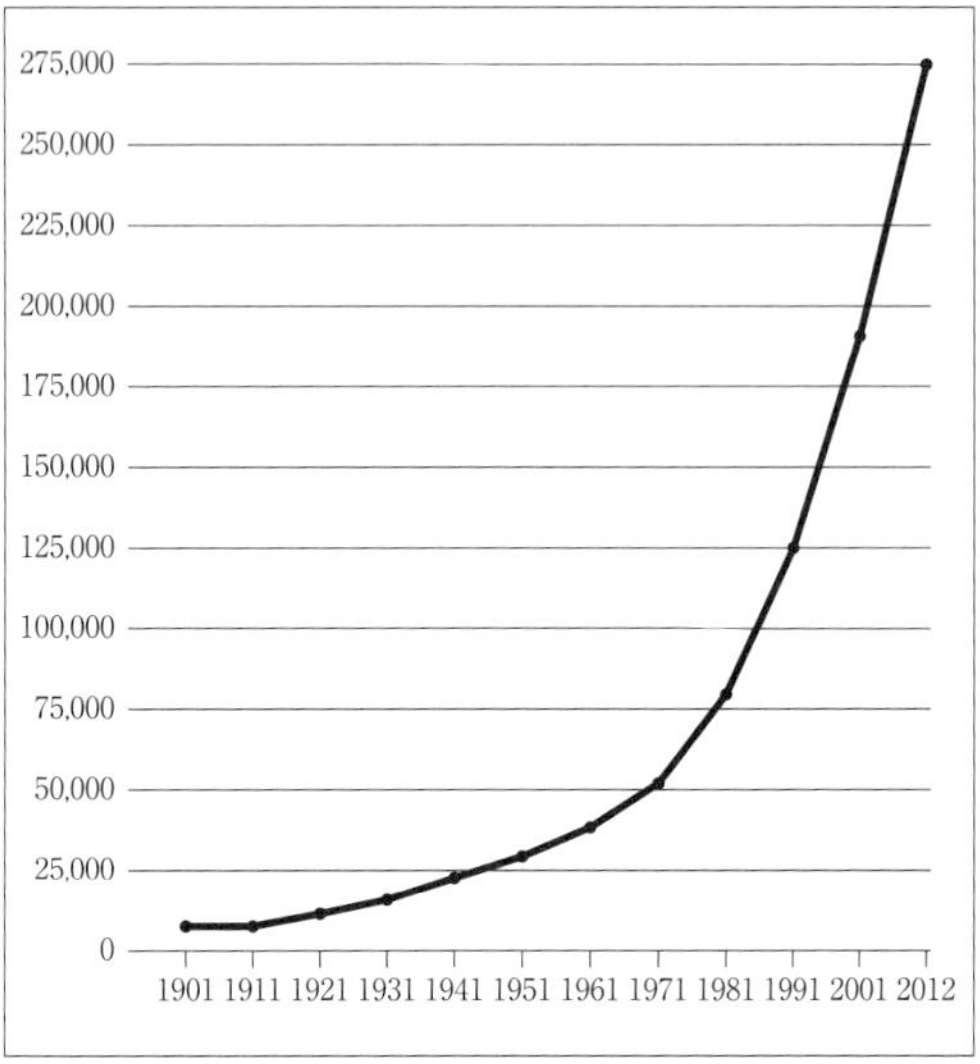

（出典 Kraybil et al.（2013:169））

る。１９７０年代にホンジュラスにもアーミッシュの居住地があったので、アーミッシュの南米移住は２０１５年が初めてではない。なお、ホンジュラスの開拓に関わったアーミッシュの体験を詳細に記した本（Stoll 1996）がある。

(2) 人口構成

人口が急増しているアーミッシュの出生率と人口構成を見てみたい。アーミッシュ全体の出生率や人口構成を表したデーターはないので、特定の地域のデーターからの考察となる。

アーミッシュ人口の多い地域では、教区ごとに各教会員の世帯の住所、転入・転出、生年月日、結婚などの個人情報、分派などの背景情報、教会員の家と番地が記載されている地図、洗礼リストなどを記載した住所氏名録のようなものが冊子となって、アーミッシュが行く店で販売されている。例えば、インディアナ州北部の場合は、*Indiana Amish Directory LaGrange, Elkhart, and*

インディアナ州エルクハート郡・ラグランジ郡のアーミッシュ人口と全米農村人口の比較（1980年）

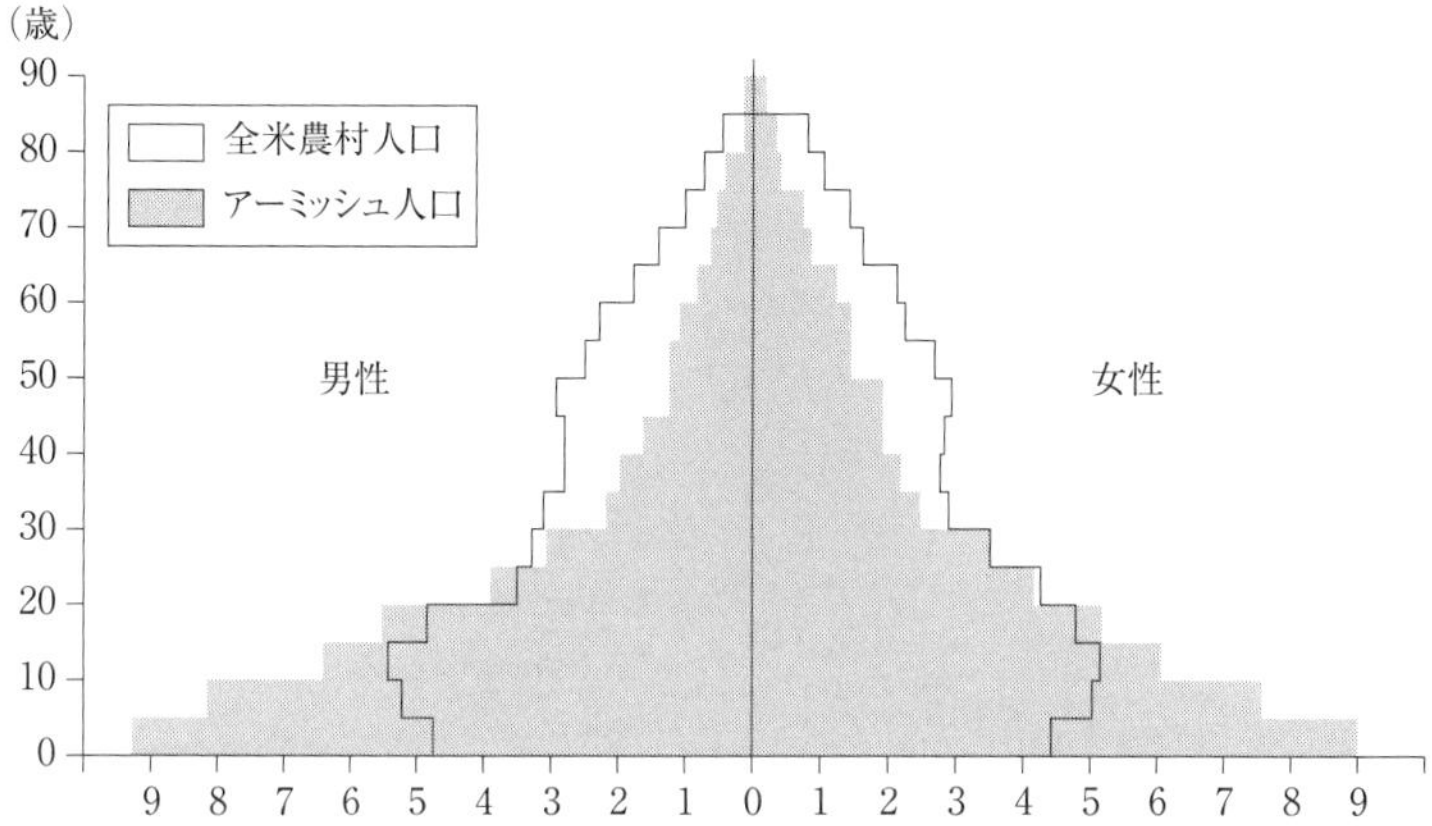

Hostetler（1993:105）のProfiles of Amish and rural farm populationsを基に作成

*Noble Counties*がある。それを元に集計して一地域のアーミッシュの人口統計を作成することは可能である。しかし、住所氏名録は、特定の地域のもので5年程度で更新されることが多いので、政府の統計のようにアーミッシュ全体を把握した最新のデーターは存在しない。

上記の人口ピラミッドは、１９８０年のインディアナ州エルクハート郡とラグランジ郡のアーミッシュの人口ピラミッドを全米の農村人口と比較したものである。アーミッシュの人口が三角形型であるのに対して、全米農村人口が筒状であることがわかる。

比較的新しいものとして、１９９３年の「オハイオ州ジョーガ（Geauga）郡のアーミッシュの人口構成のグラフ」を紹介したい。アーミッシュ総人口の46％は14歳以下で60歳以上は5・2％である。多くの若年層が少数の高齢者を支える人口構成の社会を

オハイオ州ジョーガ郡のアーミッシュの人口構成（1993年）

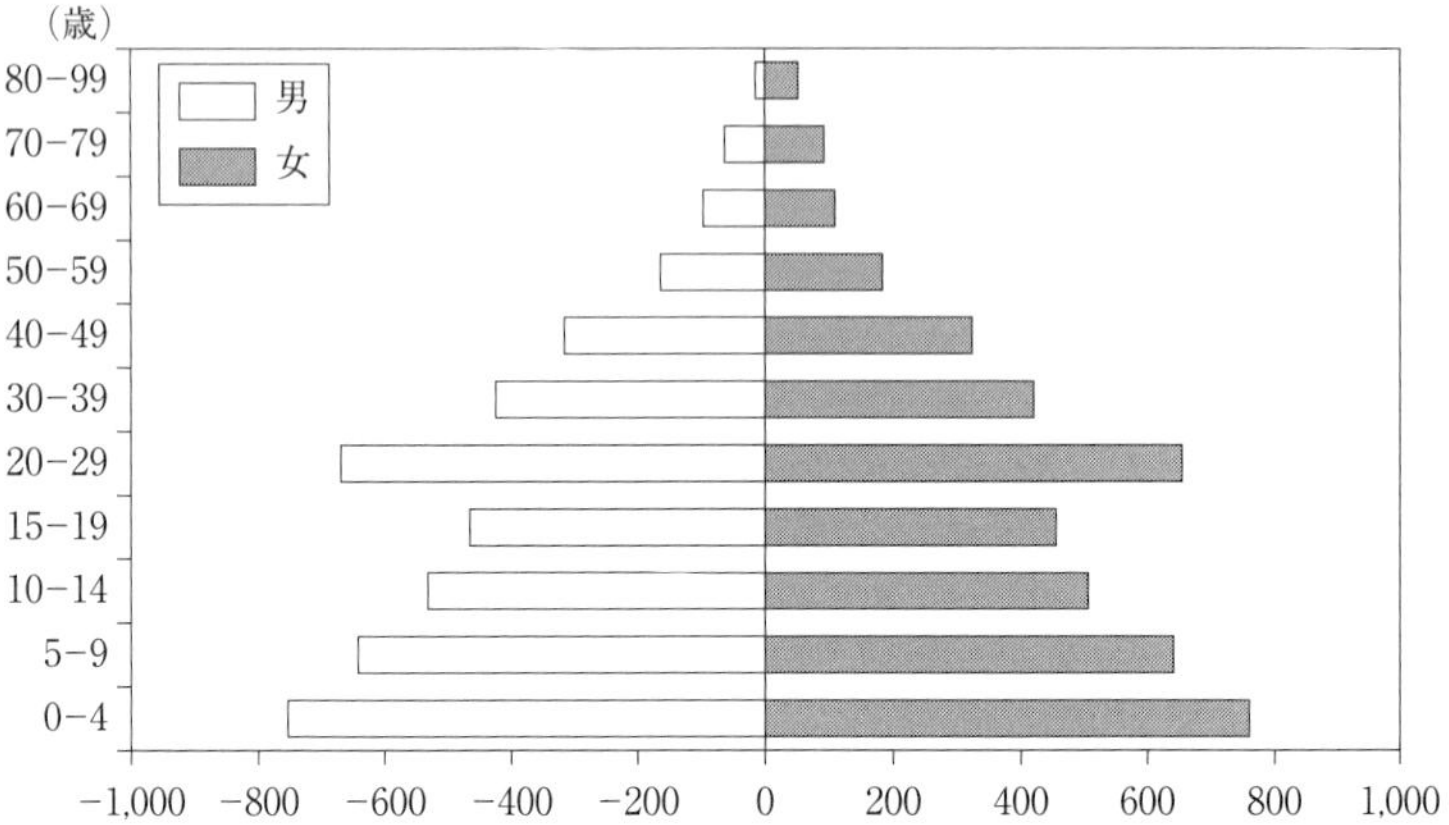

形成していることがわかる。

ジョーガ郡のアーミッシュの１９８８年から１９９８年の出生率は、Greska, LP（2002）によると7・7である。この出生率は、アーミッシュ人口の多いオハイオ州ジョーガ郡の旧派アーミッシュの一つのコミュニティの出生率（１９８８年から１９９８年）について、同地区のアーミッシュの家族構成の名簿を使って抽出したものである。それと比較的近い時期の平成7（１９９５）年の日本の合計特殊出生率が1・42である。アーミッシュの出生率は厚労省の算出方法と同一の方法で得られたものではないが、アーミッシュ社会が多子若年化社会で、日本社会と対極的な人口構成であることがわかる。実際にアーミッシュの家庭を訪ねると、８人前後の子どもはいることは実感する。

アーミッシュの人口構成は、前頁の図（１９８０年）と上図（１９９３年）を見ると、ピラミッドの形をしていることがわかる。一方、日本の人口構成は、左頁の図

日本の人口ピラミッド(2015年)

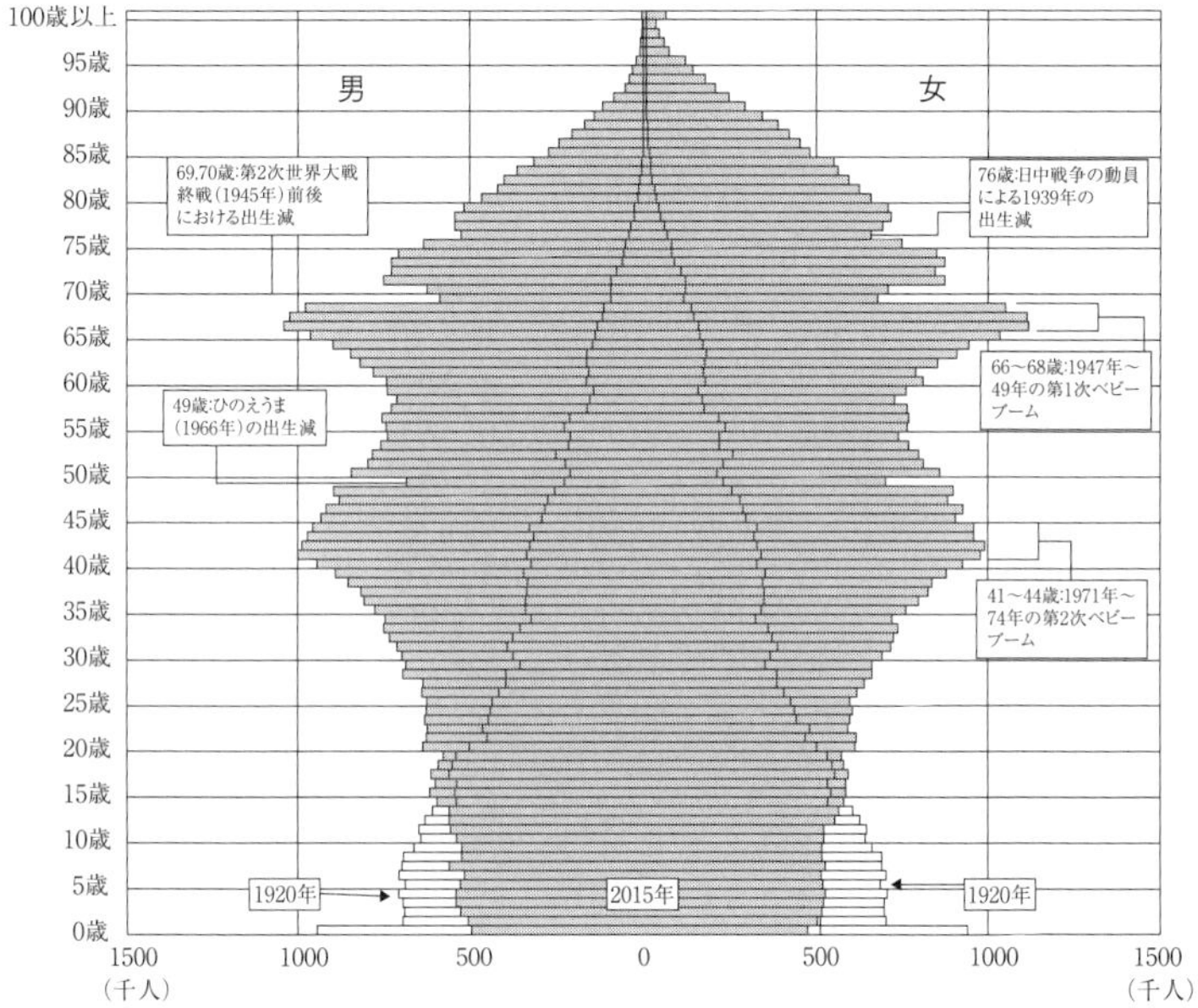

出典:総務省統計局ホームページ「統計Today No.114」

（人口ピラミッド２０１５年）からわかるように、65歳から上はピラミッド形であるが、65歳以下は、口の部分は広く、下部は先細る壺形土器のような形である。アーミッシュの社会が若者によって支えられ、活気のある社会であることが読み取れる。

アーミッシュの女性の30歳以上の未婚率は6％以下で、日本女性の30歳以上の未婚率は33・77％[2]である。アーミッシュの女性の初婚年齢は、21・1歳で、男性の初婚年齢は22・3歳である[3]。日本人女性の初婚年齢は29・3歳で、男性は30・9歳である。

アーミッシュの若者は日本人の若者より8歳も早く結婚し、女性のほとんどは30歳前までに結婚する。女性は、結婚すると7、8人の子どもを産むので、子どもの数がネズミ算式のように増えていく。多産が、アーミッシュの人口増加の一番の要因である。

もっとも、子どもの数は、教区の保守度に比例するので、旧派アーミッシュであれば、8人より多いことがあり、進歩的なアーミッシュであれば子どもの数は減っている。教区の保守度によるバラツキはあるものの、アーミッシュの人口増加の要因が多産であることは間違いない。

2 転出者

アーミッシュは、思春期に自分の意志で洗礼を受け、初めて正式のアーミッシュになる。洗礼を受けずに村を出ていくアーミッシュ、洗礼を受けた後に社会的制裁の対象となって村を出るアーミッシュがいる。これら2つを合わせて「転出者」と考えて、その比率を見てみる。

転出者の比率も大幅に減少している、オハイオ州ジョーガ郡では、1920年代に生まれたアーミッシュのうち30％がアーミッシュにならなかった。ところが、1960年代に生まれたアーミッシュの場合は、転出者の比率が5％に大幅に減少している。インディアナ州ナパニー（Nappanee）は、1920年代生まれの転出者の比率は55％であったが、1970年代生まれになると16％と大きく減っている。

転出者の比率が大幅に変化している背景に、第2次世界大戦などの徴兵とアーミッシュの学校設立がある。アーミッシュは、良心的兵役拒否が認められることが多いが、それでも徴兵される場合がある。1920年代生まれのアーミッシュは徴兵によりアーミッシュの居住区を一定期間離れることがあり、アーミッシュ社会に戻らず世俗社会に留まる場合があった。

また、アーミッシュの学校設立とは、1910年代から1970年代初めまでの教育事件の後アーミッシュが独自に学校を設立して運営にあたることができるようになったことを指す。アーミッシュの教育事件とは、20世紀以降、各州で義務教育年数を引き上げる動きが出てきた。これは、世界大恐慌（1929年）の余波で、低賃金の子どもの労働市場への参入を遅らせることにより中高年の職場を確保させる狙いがあった。また、農村部の人口増加により従来の寺子屋のような学校では対応できなくなり、小規模学校の統合の動きも出てきた。

このような義務教育年数の引き上げや小規模学校の統合は、アーミッシュの教育理念に反するものであった。アーミッシュは、農業従事がその職業と考えられていたので、中学2年までのこれまでの義務教育年数で十分であった。小規模学校が統合され中規模・大規模学区になると、通学のために学校のバスの使用をしなければならず、それは教会戒律に違反する。また、教育内容の向上も、アーミッシュにとっては不要であった。

各地のアーミッシュの親は統合された学校に子どもを入学させなかったり、入学させても中学校3年以降は通学させなかった。このため、条例違反として刑事訴追された。1972年のヨーダー裁判（Yoder v Wisconsin, 406 U.S. 205 (1972)）により、アーミッシュの教育年数は中学2年までということが認められたが、アーミッシュの従来型の寺子屋のような教育内容についても実質的に黙認されている。このため、アーミッシュの子どもは、アーミッシュの学校に通学することになり、世俗の子どもと机を並べて勉強して世俗の影響を受けることがなくなった。一言でいえば、1960年代以降に生まれたアーミッシュは、世俗の影響を受けずに、隔離された状態で、信仰に基づいた生活を送れるようになった。

転出者の数は少ないが、現在のアーミッシュの転出の理由は、①家庭内問題からの逃避、②進学希望、③非アーミッシュとの恋愛などである。アーミッシュの家に生まれた子どものほとんどは、アーミッシュになってアーミッシュの人口を構成している。

3 転入者

世俗社会からアーミッシュの洗礼を受けてアーミッシュになる人を、「転入者」と考えて、見てみる。転入者の数は、正式なリストはないが、アーミッシュの内部の人の話や洗礼の時期や親族の記録や再洗礼派にない苗字などから類推して、1950年以降75名と考えられている。極めて少ない数で、転入者の人数がアーミッシュの人口増加に寄与しているとは言い難い。

転入の理由は、①アーミッシュの教義への傾倒、②アーミッシュ生活への憧憬、③家庭内問題からの逃避、④アーミッシュとの恋愛である。転入を認められるには、1年程度その教区で生活するという体験があることが一般的である。転入を認められて入っても、転出するアーミッシュもいる。転入者は、独身の20代前後の若者が多いが、家族で転入する者もいる。独身者の場合、男性の方が女性より多い。

4　むすび

アーミッシュの人口増加には目まぐるしいものがある。20年毎の2倍増加である。特徴ある生活様式のため、アメリカで注目を浴びている宗教的グループである。アメリカ人にはピューリタンを彷彿とさせ、アメリカの信仰の自由を体現している宗教グループである。

外部の者からは一枚岩のような同質のアーミッシュ社会であるが、忌避の解釈をめぐり分派を繰り返している。進歩的なアーミッシュは時を隔てて着実にメノナイトに併合されていく。保守化を訴えて分派するアーミッシュは、伝統的な生活様式を維持している。アーミッシュ社会への転入者の数は極めて少ない。一方、転出者の比率は、1920年代生まれのアーミッシュの30％から1960年代生まれの5％になっていることから明らかなように、大幅に減少している。現在のアーミッシュは、先進国の少子高齢化が進むなかで特異な存在である。

注

(1) Amish Population Profile 2016　https://groups.etown.edu/amishstudies/statistics/amish-population-profile-2015/
閲覧日：２０１８年1月13日．

(2) 平成27年度　国勢調査．

(3) Kraybill et al (2013：156).

(4) 平成27年版『少子化社会対策白書』．

(5) Kraybill et al (2013：159).

参考文献

"Amish Population Profile 2016." Young Center for Anabaptist and Pietist Studies, Elizabethtown College. http://groups.etown.edu/amishstudies/statistics/amish-population-profile-2016.

Baecher, Robert (2000) Research Note: The "Patriarche" of Sainte-Marie-aux-Mines, *Mennonite Quarterly Review* 74 (1): 145-158.

Bellah, Robert N. (1992) *The Broken Covenant: America Civil Religion in Time of Trial* (2nd ed.), University of Chicago.

Clark, Tammy, Pioneers of Mifflin county Pennsylvania, History of Mifflin County Pennsylvania, *Pennsylvania Genealogy Trails*. http://genealogytrails.com/penn/mifflin/history.html 閲覧日２０１７年11月４日

Donnermeyer, Joseph F. & David Luthy (2013) Amish Settlements across America: 2013, *Journal of Amish and Plain Anabaptist Studeis* 1 (2): 107-29.

Ellis, Franklin (1886) Ed. *History of That Part of the Susquehanna and Juniata Valleys Embraced in the Counties of Mifflin, Juanita, Perry, Union and Snyder*, Chapter V, Derry Township, Philadelphia.

Ferguson, Charles (1959), Diglossia, *Word* 15: 325-340. Also in Pier Paolo Giglioli, edited (1972: 232-251) *Language and Social Context*.

Fishman, Joshua (1972), *The Sociology of Language*, Rowley, MA: Newbury House.

Furner, Mark (2000), Research Note: On the Trail of Jacob Ammann, *Mennonite Quarterly Review* 74 (2): 326-328.

Gascho, Milton (1937), The Amish Division of 1693-1697 in Switzerland and Alsace, *Mennonite Quarterly Review* 11 (4): 235-266.

Gilbert, Martin (1985) *Atlas of American History*, Hippocrene Books.

Gratz, Delbert (1951), Bibliographical and Research Note: The Home of Jacob Amman in Switzerland, *Mennonite Quarterly Review* 25 (2): 137-138.

Greska, LP (2002), Population growth and fertility patter in an Old Order Amish settlement, *Annuals Human Biology* March-April, 192-201.

Guss, John (2007) *Amish and Mennonite Groups in the Big Valley*, http://pabook2.libraries.psu.edu/palitmap/AmishInBigValley.html 閲覧日２０１７年７月28日

Hochstetler, Daniel (1993) Forward, *Descendants of Jacob Hochstetler*.

Hochstetler, William (1912) History of the Hochstetler Family, *Descendants of Jacob Hochstetler*.

Hostetler, Harvey (1912) *Descendants of Jacob Hochstetler*.

Hostetler, John (1948) The life and times of Samuel Yoder (1824-1884), *Mennonite Quarterly Review* 22 (4): 226-241.

Hostetler, John (1993) *Amish Society* (4th ed), The John Hopkins University Press.

Huppi, John (2000), Research Note: Identifying Jacob Ammann, *Mennonite Quarterly Review* 74 (2): 329-339.

Kraybill, Donald, Karen M. Johnson-weiner & Steven Nolt (2013) *The Amish*, The Johns Hopkins University.

Lapp (1991) *Pennsylvania School History, 1690-1990*.

Lehman, James O. & Steven M. Nolt (2007) *Mennonites, Amish, and the American Civil War*, The Johns Hopkins University Press.

McGrath, William (1989) *The Mystery of Jacob Amman* Amish Mennonite Publications.

The Mennonite Encyclopedia: A Comprehensive Reference Work on the Anabaptist-Mennonite Movement, 1990, Cornelius J. Dyck.

中野毅（1992）「政教分離社会とデノミネーショナリズム」井門富二夫編『アメリカの宗教』弘文堂．

ノートン、M・B他、本田監訳（1996）『アメリカの歴史』全6巻、三省堂．

Nolt, Steven M. (2015) *A History of the Amish*, Third Edition, Good Books.

野村達朗編著（1998）『アメリカ合衆国の歴史』ミネルヴァ書房.

岡田泰男（1994）「『フロンティア理論』１００周年――ターナー学説の批判と評価」『三田学会雑誌』87巻3号、1(381)-7(397)頁.

Okawara, Hiraike Mami (1994) 'The Amish and Education', 高崎経済大学論集第37巻第2号、171-198.

Okawara, Hiraike Mami (1995) 'A School Controversy: The Amish vs. American Educational Authorities', *The Journal of Americnan and Canadian Studies*, 13:63-83.

大河原眞美（1996）「アーミッシュの三言語変種使用社会」Lingua 7, pp.75-89.

Okawara, Hiraike Mami (1996) 'The Amish and Health', 高崎経済大学論集第39巻第1号、163-173.

Okawara, Hiraike Mami (1998) 'The Amish and Environmental Issues', 高崎経済大学論集第40巻第3号、143-162.

Okawara, Hiraike Mami (1998) 'The Samuel D. Hochstetler Case (1948)', *The Japanese Journal of American Studies* 8:119-141.

大河原眞美（1998）『裁判からみたアメリカ社会』明石書店.

大河原眞美（2006）「正義へのアクセス障害：アーミッシュの裁判の事例」判例タイムズ１２１３号、74―78頁.

大河原眞美（2009）「アメリカにおけるアーミッシュの司法アクセスの二面性についての考察」『小島武司先生古希祝賀〈続〉権利実効化のための法政策と司法改革』商事法務、45―71頁.

大河原眞美（2014）『法廷の中のアーミッシュ』明石書店.

大河原眞美（2014）「アーミッシュの社会的忌避と国家の関与についての考察」『法政理論　南方暁教授退職記念号』第46巻第4号50―74頁.

大河原眞美（2016）「アーミッシュ社会における農業の恵みと重み」『自由貿易下における農業。農村の再生』高崎経済大学地域科学研究所編、299―322頁.

Penn State University Library, John A. Hostetler papers, 1539-2001 Biographical Note https://libraries.psu.edu/findingaids/455.htm 閲覧日２０１８年2月20日.

Roth, John D. (2002) *Letters of the Amish Division* (2nd ed.), Mennonite Historical Society.
斎藤眞（1997）「アメリカ革命と宗教——文化的多元性・政教分離・統合」森孝一編『アメリカと宗教』日本国際問題研究所、67—70頁.
坂井信夫（1977）『アーミッシュ研究』教文館.
Stoll, Joseph (1996) *Sunshine and Shadow: Our Seven Years in Honduras*. Aylmer, ON: Joseph Stoll and Family.
Stroup, John Martin and Raymond Martin Bell (1942) The Pioneers of Mifflin County Pennsylvania, Lewistown, Penna.
ターナー、フレデリック・J、渡辺真治・西崎京子訳（1975）『アメリカ古典文庫9　フレデリック・J・ターナー』研究社出版.
ウェーバー、マックス、中山元訳（2010）『プロテスタンティズムの倫理と資本主義の精神』日経ＢＰ社.
Van Braght, Thielman J. (1886・1950) *Martyrs Mirror*, Herald Press. Translated from the Original Dutch or Holland Language from the Edition of 1660 by Joseph F. Sohm.
Yoder, Elmer (1963) History of the Valley View Amish-Mennonite Church, John Horsch Mennonite History Essay Contest, Box 2, Folder 18.
Yoder, Paton (1991), *Tradition and Transition: Amish Mennonites and Old Order Amish 1800-1900*, Herald Press.

おわりに

ペンシルヴァニア州のミフリン郡に白と黄色のアーミッシュの馬車があることは知っていたが、内部奥深い地域のため行かないままであった。本書を書くにあたって、思い切って出かけてみた。一般道を、白と黄色の馬車が走っているのを見て驚いてしまった。白色の馬車は幌馬車を彷彿とさせ、なるほど簡素な馬車であることがわかった。黄色の馬車は、きれいとしか言いようがなく、よく手入れをされていた。

ミフリン郡で興味を持ったのは、アーミッシュだけでなくスコットランド系アイルランド人の歴史でもあった。開拓時代からの旧家の一つであるマックニット家について、子孫のディヴィッド・マックニット（David McNitt）氏からいろいろお話を伺い、アーミッシュの居住区の案内もしていただいた。

アーミッシュもスコットランド系アイルランド人も、アメリカ移住においてそれぞれがメノナイトやイングランド人の後発組であったので、キシャコキラヴァリーという辺境の地に居住することになった。２５０年後の現在、アーミッシュは自然増、他の地域からのアーミッシュの転入で、人口が増加している。しかし、スコットランド系アイルランド人については、過疎化により人口減少が進み、アーミッシュとは対照的である。

ヤコブ・アマンが生まれ育ったとされるジメンタール地方のエアレンバッハ村にも行ってみた。スイスのトゥーンから電車で南西に30分近く乗って降りる。途中の駅にアマンの娘がスイス改革派の教会に入ったことや父親が国外で死んだと官憲に答えたという村のヴィンミスもある。ジメンタールは、エメンタールとはまた異なったシャレー風の家が並んでいてきれいな山間の地域である。

再洗礼派の牢獄として使用されたエメンタール地方のトラクセルヴァルト城は、人がいなかったせいか心細かった。牢獄そのものの塔の中にいると、*Martyrs Mirror*という本の中の再洗礼派が受けた拷問の多くのさし絵が頭をよぎって離れなかった。何枚か写真を撮ったのであるが、あまりうまく撮れなかった。本書ではマルコ・コッホ（Marco Koch）氏の写真を使わせていただいた。お礼を申し上げる。

アーミッシュ発祥の地とも言うべきマルキルヒは、現在はサント・マリー・オー・ミーヌという名前になっている。フランスのアルザス地方のヴォージュ山脈の谷間にある小さな村である。コルマールからリボヴィレを経由してバスで乗り継いで行く方法、ストラスブルグからTERと呼ばれるフランス国鉄の快速電車に乗ってセレスタで降りてバスで行く方法がある。いずれにしても、ヤコブ・アマンはマルキルヒからバーゼル、ベルンを通ってエメンタール地方でハンス・ライストと歴史的な論争を行ったのである。かなりの距離である。アマンの健脚と教義に関する情熱には驚くばかりである。

本書の出版にあたって、高崎経済大学学術研究図書刊行助成金をいただいた。心より感謝申し上げる。また、明石書店の森本直樹編集部長には、『市民から見た裁判員裁判』（２００８年）、『法廷の中のアーミッシュ——国家は法で闘い、アーミッシュは聖書で闘う』（２０１４年）に引き続いて出版を引き受けていただいた。３冊の単著を同じ編集者にみていただけるという稀な幸運に恵まれた。大変お世話になり心よりお礼申し上げる。

This book would not have been possible without David McNitt. David was born and raised in Big Valley. His knowledge of and experience with Big Valley Amish certainly helped me write up this book.

２０１８年3月

大河原眞美

索　引

【項　目】

欧文

Martyrs Mirror　17, 144

あ行

アーミッシュ
　──移住　87
　──起源　15
　──言語　25
　──職業　21
　──成立　19
　──分立　20
アーミッシュ・メノナイト　151, 157
アパラチアン英語　101
アブラハム・ピーチー　180
アムトラック　94
アレンヴィル・メノナイト教会　186
アンドリュー・ヨーダー事件　194
イヤロー・トッパーズ　179
エグリ・アーミッシュ　153
オールド・スクーラー　175
オールド・スクール・ズーク　176
オールド・スクール・ヨーダー　175
オタワ族　131

か行

カルヴァン派　19
監督　29, 30, 32
忌避　16, 17, 30, 64
旧派アーミッシュ　40
教役者　20, 40
教会戒律　30
キング・アーミッシュ　182
禁欲的プロテスタンティズム　21
クウェーカー　110
クウェーカー教　83, 85, 140
クウェーカー教徒　79
コンコード号　86

さ行

再洗礼派　16, 17
サスキハノック・コネストガ族　87
サミュエル・ホクステトラー事件　199
ジェネラル・コンフェレンス・メノナイト教会　157
執事　29, 30, 32
社会的忌避　31, 67, 68, 69, 71, 72, 73, 163, 184, 193, 195, 196, 198, 202
ジャコバイト　105
シュヴァッツェントルバー・アーミッシュ　158, 160
シュライトハイム信仰告白　17
ショーニー族　107, 102, 171
信仰復興運動　166
新派アーミッシュ　40, 160
スイス・ブレザレン　15
スイス系メノナイト　20
スイス・メノナイト・コンフェレンス　123
ズーク・アーミッシュ　182
スコットランド系アメリカ人　91
スコットランド系アイルランド人

85, 87, 99, 105, 111, 172, 190
スタッキー・アーミッシュ　155
説教者　29, 30
全教役者会議　147
洗足式　67
セントラル・メノナイト・コンフェレンス　157
ソーク族　132

た行

ダンカード・ブレザレン　57
チカマウグア族　107
チプワ族　131
チャーミング・ナンシー号　88
ディフェンスレス・メノナイト　155
デラウェア族　102, 104
転会状　33
トラクセルヴァルト城　35
ドルトレヒト信仰告白　19, 20, 67

な行

ニュー・アーミッシュ　181
ネブラスカ・アーミッシュ　180, 188, 191
ネブラスカ・アーミッシュⅠ　172, 175
ネブラスカ・アーミッシュⅡ　176

は行

バイラー・アーミッシュ　178, 180, 181
破門　31
バンドリング　133, 161, 166
ビーチー・アーミッシュ　24, 40, 162, 183, 187, 194, 197
ピーチー・アーミッシュ　145, 180
ピューリタン　78, 80
ヒルビリー英語　101
福音メノナイト教会　155
ブラック・トッパーズ　180
ブラック・ホーク戦争　132
ブレザレン　172
ブレザレン・イン・クライスト教会　187
フレンチ・インディアン戦争　99, 106
ベセル・フェローシップ　164
ベセル・メノナイト教会　184
ヘッセイアン・アーミッシュ　124
ペンシルヴァニア・ジャーマン　25, 27, 136
ペンシルヴァニア・ダッチ　25
ホームズ声明文　149
ホクステトラー一家虐殺事件　102
ポタワトミ族　131, 132
ホルドマン・メノナイト教会　185
ホワイト・トッパーズ　176

ま行

マイアミ族　108
マックニット家事件　105
ミュンスター事件　18
メイフラワー誓約書　80
メイプル・グローヴ・メノナイト教会　187
メノナイト　15, 18, 19, 82, 86, 110, 172
モラヴィアン　79

や行

ユグノー教徒　109
ヨーダー裁判　23, 211

ら行

ランシュプリンガ　161
ルイジアナ購入　130

ルター派　19
レノ・アーミッシュ　180, 181, 182, 184, 185, 189, 191
ローカスト・グローヴ・メノナイト教会　186

【人　　名】

あ行

アウグズパージャー、クリスチャン　115
アマン、ウルリッヒ　42, 67
アマン、ミヒャエル　45, 48
アマン、ヤコブ　20, 39, 44, 64
アンブル、ジョン　200
ウィリアムズ、ロジャー　78
ウィンスロップ　81
ウェーバー、マックス　21
エグリ、ヘンリー　153

か行

カウフマン、ハンス・ヤコブ　89
カナジー、エズラ　181
カルヴァン、ジャン　21
ギゲル、ペーター　68
キシャコキラ　171
キップファー、ペーター　62
キング、サミュエル　178

さ行

シモンズ、メノー　18
ジャック、インディアン　108
シュヴァッツウェントルバー、ジェイコブ　141
シュマッカー、イサック　120
ジョーダー、ジョセフ　156
ズーク、クリスチャン　137
ズーク、シェム　144
ズーク、ジョン　182
スタイナー、ヨハネス　62
ストルツフス、ジョン　147
スタッキー、ジョセフ　62, 155
ストルツフス、ジョン　147
スパイカー、ジェシ　183

た行

チャールズ２世　82, 85
チュルヒャー、アイザック　63
ツヴィングリ、ウルリッヒ　15

な行

ネフツィガー、クリスチャン　116
ネフツィガー、ジャコビーナ　119

は行

ハーシェバーガー、ガイ　200
ハーツラー、ジェイコブ　92
バイデン、ジョー　96
バイラー、ソロモン　144, 145, 147, 180, 186
バイラー、ディヴィッド　144, 146
バイラー、ハンス　178
バルジ、ニコラス　68
ピーチー、アブラハム　144, 145, 147
ピーチー、クリスチャン　181
ピーチー、サミュエル　182
ピーチー、ディヴィッド　182, 184
ビーチー、モーゼ　163
フォックス、ジョージ　83
ブレネマン、クリスチャン　62
ヘルムス、ジョン　195,196
ペン、ウィリアム　82
ホクステトラー、ジェイコブ　88, 102
ホクステトラー、ルーシー　199

ホステトラー、ジョン　184

ま行
マスト、ジョン　63
マックグラス　40, 55
マックニット、アレクサンダー　106
マックニット、ロバート　107
ミラー、ロイド　200
モーゼル、ニコラス　68, 71

や行
ヨーク公爵　82, 85
ヨーダー、サミュエル　158
ヨーダー、ヨスト　175

ら行
ライスト、ハンス　20, 46, 47, 65, 66, 68
リンカーン　141
ルター、マルティン　15
ルッペン、アナ　45, 48
ロス、ジョン　63
ロップ、クリスチャン　119

【地　　名】

あ行
アイフェル　123
アダムズ郡　114
アパラチア山脈　101, 107, 131
アルザス　51, 63, 142
アルスター　105
アレン　114
イクスハイム　126
ヴァルデック　123
ヴィミス　55
ウェイン郡　114, 120, 148
ウォータールー郡　115
ヴォルヒニャ　121
ウッドフォード　114
エアレンバッハ　44, 47, 48, 49, 55
エメ・リバー・ヴァリー　66
エメヴァリー　122
エメンタール　62
エルクハート郡　24, 120, 131, 132, 143, 148, 207
オーネンハイム　51, 73
オーバーホーフェン　50
オバタール　66

か行
カイザーズローテン　123
ガリツィア　121
カンペン　124
キシャコキラ　107
キシャコキラヴァリー　171
キッシュヴァリー　171

さ行
サマーセット郡　90, 115, 117, 145, 163
サント・マリー・オー・ミーヌ　52
ジェームズタウン　78
ジメンタール・ヴァリー　44, 47
ジメンタール地方　40
シュテフィスブルグ　50
ジョーガ郡　207, 210
スターク郡　114
セレスタ　51

た行
タズウェル郡　114
チェスター郡　90
ツヴァイブルッケン　122, 125
ツェイヴィル　66

デーヴィス郡　114
トゥーン　122
ドニゴール　105

な行

ニュシャテル　122
ネパニー　24
ノイヴィード　123
ノースカロライナ　40, 55, 56, 101
ノックス郡　120

は行

バークス郡　27, 90
パース郡　115
バァルデック　114
ハイドルスハイム　51, 52
バヴァリア　114, 121, 124, 142
バトラー郡　114
パラティネト　25, 63, 73, 85, 86, 114, 123, 124, 125
ビッグヴァリー　144, 171
プファルツ　72
フリーダーズマット　49, 68
フローニンゲン　124
ヘッセン　142
ヘッセン・ダルムシュタット　114
ペンシルヴァニア　56, 57, 58, 105, 140, 142
ヘンリー郡　114
ボヴィル　49, 68

ま行

マルキルヒ　52, 65, 74, 122
ミフリン郡　90, 143, 147, 159
モンベリアル　122, 142

ら行

ラ・ショ・ド・フォン　122
ラーンヴァリー　123
ラインランド・プファルツ　25
ラグランジ郡　24, 120, 131, 132, 143, 207
ランカスター郡　90, 116, 117, 120, 180
ランドウ　123
ル・プティット・リープヴル　52
ルイス郡　115
ルイスタウン　94
ロアノーク　77
ロードアイランド　78
ロレーヌ　114

わ行

ワシントン　114

著者紹介

大河原眞美（おおかわら・まみ）

上智大学外国語学部英語学科、ウィスコンシン大学マディソン校（英語言語学修士）、シドニー大学（法言語学博士）。高崎経済大学地域政策学部教授・国際交流センター長。家事調停委員、群馬県労働委員会公益委員。

現代アメリカ社会で18世紀の生活を堅持しているアーミッシュの英語とドイツ語の使用の研究をしているうちに、アーミッシュが当事者となった裁判を目の当たりにする。それを契機にアーミッシュの裁判に関心を持つようになる。

著書に、『裁判からみたアメリカ社会』（明石書店、1998年）、『市民から見た裁判員裁判』（明石書店、2008年）、『裁判おもしろことば学』（大修館書店、2009年）、『みんなが知らない“裁判ギョーカイ”ウラ話』（清流出版、2010年）、『法廷の中のアーミッシュ――国家は法で闘い、アーミッシュは聖書で闘う』（明石書店、2014年）、翻訳書に、『アメリカ・ロースクールの凋落』（ブライアン・タマハナ著、樋口和彦共訳、花伝社、2013年）がある。

アメリカ史のなかのアーミッシュ
成立の起源から「社会的忌避」をめぐる分裂・分立の歴史まで

2018年3月30日　初版第1刷発行

著　者　　大河原眞美
発行者　　大江道雅
発行所　　株式会社　明石書店

〒101-0021 東京都千代田区外神田6-9-5
電話 03（5818）1171
FAX 03（5818）1174
振替　00100-7-24505
http://www.akashi.co.jp/
装幀　　明石書店デザイン室
印刷／製本　日経印刷株式会社

（定価はカバーに表示してあります）　ISBN978-4-7503-4635-9

アーミッシュとフッタライト　近代化への対応と生き残り戦略
小坂幸三著　◎5000円

アメリカ・アーミッシュの人びと
「従順」と「簡素」の文化　池田智著　◎2200円

東方キリスト教諸教会　研究案内と基礎データ
三代川寛子編著　◎8200円

キリシタンが拓いた日本語文学
多言語多文化交流の淵源　郭南燕編著　◎6500円

ビジュアル大百科　聖書の世界
マイケル・コリンズ総監修
月本昭男日本語版監修　宮崎修二監訳　◎30000円

海のキリスト教　太平洋島嶼諸国における宗教と政治・社会変容
大谷裕文、塩田光喜編著　◎4500円

教皇フランシスコ　キリストとともに燃えて
偉大なる改革者の人と思想
オースティン・アイヴァリー著　宮崎修二訳　◎2800円

教皇フランシスコ　喜びと感謝のことば
山田經三著　◎1500円

教皇フランシスコ　いつくしみの教会
共に喜び、分かち合うために
教皇フランシスコ著　栗栖徳雄訳　◎2000円

アメリカ福音派の歴史　聖書信仰にみるアメリカ人のアイデンティティ
明石ライブラリー151　青木保憲著　◎4800円

女性たちが創ったキリスト教の伝統
聖母マリア　マグダラの聖マリア　ビンゲンのヒルデガルト　アシジの聖クララ　アビラの聖テレサ　マザー・テレサ……
テレサ・バーガー著　廣瀬和代、廣瀬典生訳　◎5800円

神の国アメリカの論理　宗教右派によるイスラエル支援、中絶・同性結婚の否認
上坂昇著　◎2800円

ノアの箱舟の真実　「大洪水伝説」をさかのぼる
アーヴィング・フィンケル著　宮崎修二、標珠実訳　◎3400円

新装版　新訳　アンクル・トムの小屋
ハリエット・ビーチャー・ストウ著　小林憲二訳　◎4800円

アメリカ先住民を知るための62章
エリア・スタディーズ149　阿部珠理編著　◎2000円

超大国アメリカ100年史　戦乱・危機・協調・混沌の国際関係史
松岡完著　◎2800円

〈価格は本体価格です〉